Das Erste Russische Lesebuch für Studenten

Andrew Kolobanov

Das Erste Russische Lesebuch für Studenten

Zweisprachig mit Russisch-deutscher Übersetzung

Stufen A1 und A2

Das Erste Russische Lesebuch für Studenten
von Andrew Kolobanov

Audiodateien www.lppbooks.com/Russian/FRRS/

Homepage www.audiolego.com

Umschlaggestaltung: Audiolego Design
Umschlagfoto: Canstockphoto

Druck: KN Digital Printforce GmbH, Ferdinand-Jühlke-Straße 7, 99095 Erfurt

Оглавле́ние
Inhaltsverzeichnis

Ру́сский алфави́т
Das russische Alphabet

Buchstabe	Handschrift	Name	IPA	Beispiel in Deutsch
Аа	Аа	а [a]	/a/	a in Mann
Бб	Бб	бэ [bɛ]	/b/ oder /bʲ/	b in Bett
Вв	Вв	вэ [vɛ]	/v/ oder /vʲ/	w in wer
Гг	Гг	гэ [gɛ]	/g/	g in gut , oder h in habe
Дд	Дд	дэ [dɛ]	/d/ oder /dʲ/	d in das
Ее	Ее	е [je]	/je/ oder / ʲe/	je in jetzt
Ёё	Ёё	ё [jo]	/jo/ oder / ʲo/	jo in Johannes
Жж	Жж	жэ [ʐɛ]	/ʐ/	g in Giro, Genre
Зз	Зз	зэ [zɛ]	/z/ oder /zʲ/	S in sagen
Ии	Ии	и [i]	/i/ oder / ʲi/	i in Tisch
Йй	Йй	и краткое	/j/	j in jetzt
Кк	Кк	ка [ka]	/k/ oder /kʲ/	k in Katze
Лл	Лл	эл [el]	/l/ oder /lʲ/	l in lesen
Мм	Мм	эм [ɛm]	/m/ oder /mʲ/	m in Mantel
Нн	Нн	эн [ɛn]	/n/ oder /nʲ/	n in nicht
Оо	Оо	о [o]	/o/	o in rot

Пп	Пп	пэ [pɛ]	/p/ oder /p^j/	p in putzen
Рр	Рр	эр [ɛr]	/r/ oder /r^j/	knurrende r
Сс	Сс	эс [ɛs]	/s/ oder /s^j/	s in was
Тт	Тт	тэ [tɛ]	/t/ oder /t^j/	t in Tisch
Уу	Уу	у [u]	/u/	u in Schuh
Фф	Фф	эф [ɛf]	/f/ oder /f^j/	f in fallen
Хх	Хх	ха [xa]	/x/	ch in hoch, soft ausatmen
Цц	Цц	це [t͡sɛ]	/t͡s/	z in Zoo
Чч	Чч	че [t͡ɕe]	/t͡ɕ/	tsch in Deutsch
Шш	Шш	ша [ʃa]	/ʃ/	sch in Tisch
Щщ	Щщ	ща [ɕɕa]	/ɕ/	sch long und hart
Ъъ	Ъъ	твёрдый знак	/j/	
Ыы	Ыы	ы [ɨ]	[ɨ]	i in Willy
Ьь	Ьь	мягкий знак	/ ^{j}/	
Ээ	Ээ	э [ɛ]	/e/	e in Bett
Юю	Юю	ю [ju]	/ju/ oder / ^{j}u/	ju in jung
Яя	Яя	я [ja]	/ja/ oder / ^{j}a/	ja in jammern

Ру́сское произноше́ние

Russische Aussprache

Betonung

Feste Betonungsregeln gibt es im Russischen nicht. Nur ë ist immer betont. Deswegen ist es wichtig, die Betonung gleich beim Lernen der russischen Vokabeln zu merken. Betonte Vokale werden auf Russisch lang ausgesprochen. Unbetonte Vokale werden kurz ausgesprochen.

Vokale

Hart: а, о, у, ы, э

Weich: я, ё, ю, и, е

In folgenden Fällen werden weiche Vokale (außer 'и') auf Russisch mit einem j-Vorsatz ausgesprochen:

am Wortanfang wie in *я́года - jagada - Beere*

nach einem Vokal wie in *но́вая - nowaja - neue (weiblich)*

nach einem Weichzeichen (ь) *семья́ - ßimja - Familie*

nach einem Härtezeichen (ъ) *отъе́зд - otjezd - Abfahrt*

Aussprache von -o- im Russischen

Im Russischen wird der Buchstabe O deutlich als O ausgesprochen, wenn er betont wird. Die restlichen Os werden als reduzierte As ausgesprochen (d.h. kürzer und undeutlicher als ein betontes A). Im Wort "молоко́" (Milch) wird nur das letzte O deutlich als O ausgesprochen, weil es betont ist. Die unbetonten Os werden hier als reduzierte As ausgesprochen. Das Wort "пло́хо" (schlecht) dagegen wird auf der ersten Silbe betont. Das unbetonte O am Ende wird als ein reduziertes A ausgesprochen.

Russische Konsonanten

Die meisten Konsonanten können im Russischen hart oder weich sein. Ob ein Konsonant hart oder weich ausgesprochen wird, erkennt man am darauf folgenden Buchstaben. Weich wird ein Konsonant, wenn ihm ein weicher Vokal (я, ё, ю, и, е) oder ein Weichzeichen (ь) folgt.

Harte Konsonanten:

борода́ - barada - Bart

рост - rost - Höhe

Weiche Konsonanten:

Ва́ля - walia - Walia (Name)

любо́вь - lubov - Liebe

пить - pit - trinken

Immer hart sind die Konsonanten: ж, ш, ц

Immer weich sind die Konsonanten: ч, щ

Stimmhaft oder stimmlos

Im Russischen unterscheidet man zwischen stimmhaften und stimmlosen Konsonanten.

Es gibt folgende Paare:

Stimmhaft: б, в, г, д, ж, з

Stimmlos: п, ф, к, т, ш, с

Stimmhafte russische Konsonanten werden stimmlos am Wortende und vor einem stimmlosen Konsonanten.

Beispiel stimmhaft:

дру́жба - druschba - Freundschaft

Beispiel stimmlos:

хлеб - chljep - Brot

идти́ - ittí - gehen

Immer stimmhaft sind: л, м, н, р, й

Immer stimmlos sind: х, ч, ц, щ.

So steuern Sie die Geschwindigkeit der Audiodateien

Das Buch ist mit den Audiodateien ausgestattet. Die Adresse der Homepage des Buches, wo Audiodateien zum Anhören und Herunterladen verfügbar sind, ist am Anfang des Buches auf der bibliographischen Beschreibung vor dem Copyright-Hinweis aufgeführt. Mithilfe von QR-Codes kann man im Handumdrehen eine Audiodatei aufrufen, ohne Webadressen manuell eingeben. Öffnen Sie einfach ihre Kamera-App und halten ihr Smartphone über den gedruckten QR-Code. Ihr Smartphone erkennt was sich hinter dem Code verbirgt und bittet Sie dem eingescannten Audiodateilink zu folgen.

Wir empfehlen Ihnen, den kostenlosen VLC-Mediaplayer zu verwenden, die Software, die zur Steuerung der Wiedergabegeschwindigkeit aller Audioformate verwendet werden kann. Die Steuerung der Geschwindigkeit ist auch einfach und erfordert nur wenige Klicks oder Tastatureingaben.

1

Растопи́ лёд
Brich das Eis

«Ма́ма, я сего́дня был сме́лый! - говори́т ма́ленький ма́льчик свое́й ма́ме. - Я смотре́л на большо́го живо́го жука́ и не убежа́л!»

„Mama, ich war heute mutig!“ sagt ein kleiner Junge zu seiner Mutter. „Ich habe mir einen großen, lebenden Käfer angesehen und bin nicht weggelaufen!“

Ку́хня

Die Küche

A

Слова́

1. аккура́тный - sorgfältig
2. бе́гать - laufen
3. бе́лый - weiß
4. бле́ндер - der Blender
5. большо́й - groß
6. в - in
7. ви́лка - die Gabel
8. висе́ть - hängen
9. вода́ - das Wasser
10. во́зле - nah, in der Nähe
11. га́зовый - Gas-
12. где - wo
13. го́род - die Stadt
14. гря́зный - schmutzig
15. да - ja
16. дверь - die Tür
17. деревя́нный - hölzern, Holz-
18. для - für
19. дом - das Haus
20. до́ма - zu Hause
21. есть - es gibt, es sind
22. жёлтый - gelb
23. за - hinter
24. заходи́ть - eingehen
25. зелёный - grün
26. и - und
27. из - aus, von
28. и́ли - oder
29. карти́на - das Bild
30. кора́бль - das Schiff
31. кот - die Katze
32. кофева́рка - die Kaffeemaschine
33. краси́вый - schön
34. кра́сная - rot

35. кру́глый - rund
36. кры́ша - das Dach
37. ку́рица - das Hühnchen
38. ку́хня - die Küche
39. ку́хонный - Küchen-
40. ло́жка - der Löffel
41. лю́стра - der Kronleuchter
42. ма́ленький - klein
43. металли́ческий - metallen, Metall-
44. ми́ксер - der Mixer
45. мо́йка - das Waschen
46. мо́ре - die See, das Meer
47. мы - wir
48. на - auf
49. над - ober
50. напро́тив - gegenüber
51. находи́ться - sich befinden
52. нет - nein; es gibt kein(e/en)
53. но́вый - neu
54. окно́ - das Fenster
55. он/она́/оно́ - er/sie/es
56. пить - trinken
57. плита́ - der Herd
58. посу́да - das Geschirr
59. потоло́к - die Decke
60. просто́рный - geräumig
61. ра́ковина - der Ausguss, das Becken
62. рези́новый - Gummi-
63. ру́чка - der Griff
64. ры́ба - der Fisch
65. с - mit
66. сад - der Garten
67. салфе́тка - die Serviette
68. све́тлый - leicht
69. се́рый - grau
70. ска́терть - das Tischtuch
71. сле́ва - links
72. соба́ка - der Hund
73. спра́ва - rechts
74. стака́н - das Glas
75. ста́рый - alt
76. стекля́нный - Glas-, gläsern
77. стена́ - die Wand
78. стол - der Tisch
79. стоя́ть - stehen
80. стул - der Stuhl
81. суши́лка - der Trockner, der Fön (für die Haare)
82. таре́лка - der Teller
83. то́же - auch
84. топта́ть - treten, trampeln
85. то́стер - der Toaster
86. у́гол - die Ecke
87. удо́бный - bequem
88. укра́сть - stehlen
89. у́лица - die Straße
90. ую́тный - gemütlich
91. холл - der Flur
92. холоди́льник - der Kühlschrank
93. хоте́ть - wollen
94. цвето́к - die Blume
95. ча́йник - der Teekessel
96. ча́йный - Tee-
97. ча́шка - die Tasse
98. чи́стый - sauber
99. что - was
100. шкаф - der Schrank, das Regal
101. э́то - das

B

Э́то го́род. Он большо́й и краси́вый. Он нахо́дится во́зле мо́ря.
Э́то у́лица. Она́ в го́роде. У́лица больша́я и чи́стая.
Э́то дом. Дом нахо́дится на у́лице. Он аккура́тный и краси́вый. Сте́ны бе́лые. Кры́ша кра́сная. Дверь но́вая. Она́ деревя́нная.
Э́то сад. Сад нахо́дится во́зле до́ма. Он большо́й и зелёный. Соба́ка бе́гает за ку́рицей в саду́. Она́ то́пчет цветы́.
Мы захо́дим в дом. Э́то холл. Холл просто́рный и ую́тный.
Спра́ва нахо́дится ку́хня. Ку́хня больша́я и све́тлая. Сте́ны жёлтые. Потоло́к бе́лый.
На потолке́ лю́стра. Она́ больша́я и краси́вая.
Э́то стол. Он большо́й и кру́глый. На столе́ ска́терть.
Э́то ми́ксер. Он нахо́дится на столе́. Он удо́бный и ма́ленький.
Э́то стака́н. Он то́же стои́т на столе́. Он стекля́нный. Стака́н чи́стый.
Во́зле стола́ стои́т стул. Он деревя́нный. Стул удо́бный.
Э́то холоди́льник. Он се́рый. Холоди́льник но́вый. Он нахо́дится в углу́. Во́зле холоди́льника кот. Он хо́чет укра́сть ры́бу из холоди́льника.
Э́то то́стер. Он нахо́дится на

Das ist eine Stadt. Sie ist groß und schön. Sie liegt in der Nähe der See.
Das ist eine Straße. Sie liegt in der Stadt. Die Straße ist groß und sauber.
Das ist ein Haus. Das Haus liegt an der Straße. Es ist angenehm und schön. Die Wände sind weiß. Das Dach ist rot. Die Tür ist neu. Sie ist aus Holz.
Das ist ein Garten. Der Garten liegt an dem Haus. Er ist groß und grün. Ein Hund verfolgt ein Hühnchen im Garten. Er trampelt über die Blumen.
Wir gehen ins Haus ein. Das ist der Flur. Der Flur ist geräumig und bequem.
Rechts ist die Küche. Die Küche ist groß und hell. Die Wände sind gelb. Die Decke ist weiß.
Es gibt einen Kronleuchter unter der Decke. Er ist groß und schön.
Das ist ein Tisch. Er ist groß und rund. Ein Tischtuch liegt auf dem Tisch.
Das ist ein Mixer. Er liegt auf dem Tisch. Er ist bequem und klein.
Das ist ein Glas. Es steht auch auf dem Tisch. Es ist gläsern. Das Glas ist sauber.
Neben dem Tisch steht ein Stuhl. Er ist aus Holz. Der Stuhl ist bequem.
Das ist ein Kühlschrank. Er ist grau. Der Kühlschrank ist neu. Er steht in der Ecke. Eine Katze sitzt neben dem Kühlschrank. Sie

холоди́льнике. То́стер ма́ленький и удо́бный.
Э́то кофева́рка. Она́ нахо́дится во́зле ра́ковины. Кофева́рка гря́зная.
Э́то блендер. Он то́же на холоди́льнике. Он бе́лый. Блендер ста́рый.
Напро́тив холоди́льника есть окно́. Оно́ большо́е и чи́стое.
Э́то ку́хонная плита́. Она́ нахо́дится во́зле окна́. Она́ но́вая и удо́бная.
Э́то ча́йник. Он на га́зовой плите́. Он металли́ческий с рези́новой ру́чкой.
Во́зле холоди́льника мо́йка. Сле́ва суши́лка для посу́ды.
Э́то ку́хонный шкаф. Он виси́т над мо́йкой. Он деревя́нный.
Э́то салфе́тка. Она́ нахо́дится в ку́хонном шкафу́. Она́ ма́ленькая и чи́стая.
Э́то карти́на. Она́ на стене́. На карти́не мо́ре и кора́бль.
Э́то ку́хонный стол. Он нахо́дится в углу́. Стол большо́й и деревя́нный.
Э́то ви́лка. Она́ на столе́. Ви́лка металли́ческая. Она́ чи́стая.
Э́то таре́лка. Она́ нахо́дится на ку́хонном столе́. Таре́лка жёлтая. Она́ ма́ленькая и краси́вая.
Э́то ча́шка. Ча́шка то́же нахо́дится на ку́хонном столе́. Ча́шка кра́сная. Кот пьёт во́ду из ча́шки.

will aus dem Kühlschrank einen Fisch stehlen.
Das ist ein Toaster. Er steht auf dem Kühlschrank. Er ist klein und praktisch.
Das ist eine Kaffeemaschine. Sie steht neben dem Ausguss. Die Kaffeemaschine ist schmutzig.
Das ist ein Blender. Er steht auch auf dem Kühlschrank. Er ist weiß. Der Blender ist alt.
Gegenüber des Kühlschranks gibt es ein Fenster. Es ist groß und sauber.
Das ist ein Herd. Er befindet sich neben dem Fenster. Er ist neu und praktisch.
Das ist ein Teekessel. Es steht auf dem Gasherd. Es ist metallen und hat einen Griff aus Gummi.
Neben dem Kühlschrank steht eine Spülmaschine. Links gibt es einen Trockner für das Geschirr.
Das ist ein Regal. Er hängt über dem Ausguss. Er ist aus Holz.
Das ist eine Serviette. Es liegt in dem Küchenregal. Es ist klein und sauber.
Das ist ein Bild. Es hängt auf der Wand. Es gibt das Meer und ein Schiff auf dem Bild.
Das ist der Küchentisch. Er steht in der Ecke. Er ist groß und hölzern.
Das ist eine Gabel. Sie liegt auf dem Tisch. Die Gabel ist aus Metall. Sie ist sauber.
Das ist ein Teller. Er steht auf dem Küchentisch. Der Teller ist gelb. Er ist klein und schön.
Das ist eine Tasse. Sie steht auch auf dem Küchentisch. Die Tasse ist rot. Eine Katze trinkt Wasser aus der Tasse.

Э́то ча́йная ло́жка. Она́ нахо́дится в ча́шке. Ло́жка металли́ческая. Она́ ма́ленькая.

Das ist ein Teelöffel. Er befindet sich in einer Tasse. Der Löffel ist aus Metall. Er ist klein.

C

Вопро́сы и отве́ты

- Где нахо́дится го́род?
- Он нахо́дится во́зле мо́ря.
- У́лица больша́я и́ли ма́ленькая?
- У́лица больша́я.
- Где нахо́дится дом?
- Дом нахо́дится на у́лице.
- Где нахо́дится сад?
- Сад нахо́дится во́зле до́ма.
- Сад большо́й и́ли ма́ленький?
- Сад большо́й.
- Холл просто́рный?
- Да, холл просто́рный.
- Где нахо́дится ку́хня?
- Ку́хня спра́ва.
- Где нахо́дится ми́ксер?
- Ми́ксер на столе́.
- На столе́ есть ска́терть?
- Да, на столе́ ска́терть.
- Что стои́т на столе́?
- На столе́ стои́т стака́н.
- Он гря́зный?
- Нет, стака́н чи́стый.
- Где нахо́дится холоди́льник?
- Холоди́льник нахо́дится в углу́.
- Где кот?
- Кот во́зле холоди́льника.

Fragen und Antworten

- Wo ist die Stadt?
- Sie liegt in der Nähe der See.
- Ist die Straße groß oder klein?
- Die Straße ist groß.
- Wo ist das Haus?
- Das Haus ist in der Straße.
- Wo ist der Garten?
- Der Garten befindet sich neben dem Haus.
- Ist der Garten groß oder klein?
- Der Garten ist groß.
- Ist der Flur geräumig?
- Ja, der Flur ist geräumig.
- Wo ist die Küche?
- Die Küche ist rechts.
- Wo ist der Mixer?
- Der Mixer liegt auf dem Tisch.
- Gibt es ein Tischtuch auf dem Tisch?
- Ja, es gibt ein Tischtuch auf dem Tisch.
- Was gibt es auf dem Tisch?
- Es gibt ein Glas auf dem Tisch.
- Ist es schmutzig?
- Nein, das Glas ist sauber.
- Wo ist der Kühlschrank?
- Der Kühlschrank steht in der Ecke.
- Wo ist die Katze?
- Die Katze sitzt neben dem Kühlschrank.

- Где кофева́рка?
- Кофева́рка во́зле ра́ковины.
- Кофева́рка чи́стая?
- Нет, она́ гря́зная.
- В ку́хне есть окно́?
- Да, окно́ напро́тив холоди́льника.
- Окно́ большо́е?
- Да, оно́ большо́е.
- Где ви́лка?
- Ви́лка на ку́хонном столе́.
- Таре́лка то́же на ку́хонном столе́?
- Да, таре́лка на ку́хонном столе́.
- На ку́хне есть салфе́тки?
- Да, салфе́тки в ку́хонном шкафу́.
- На ку́хне есть чи́стая ча́шка?
- Да, чи́стая ча́шка на столе́.
- Ча́шка кра́сная?
- Да, она́ кра́сная.

- Wo ist die Kaffeemaschine?
- Die Kaffeemaschine ist neben dem Ausguss.
- Ist die Kaffeemaschine sauber?
- Nein, sie ist schmutzig.
- Gibt es ein Fenster in der Küche?
- Ja, das Fenster ist gegenüber des Kühlschranks.
- Ist das Fenster groß?
- Ja, es ist groß.
- Wo ist die Gabel?
- Sie liegt auf dem Küchentisch.
- Ist der Teller auch auf dem Küchentisch?
- Ja, es gibt auch einen Teller auf dem Küchentisch.
- Gibt es Servietten in der Küche?
- Ja, es gibt Servietten in dem Küchenregal.
- Gibt eine saubere Tasse in der Küche?
- Ja, die saubere Tasse ist auf dem Tisch.
- Ist die Tasse rot?
- Ja, sie ist rot.

D

Aussprache

Den meisten russischen Buchstaben entspricht nur ein Klang.

Ё ist immer betont. **O** wird wie **a** ausgesprochen, falls es unbetont ist: молоко́ - [малако́] Milch.

Е wird wie **и** ausgesprochen, falls unbetont: ме́неджер - [ме́ниджир] Manager.

Die Endung -го wird immer -во ausgesprochen: его́ - [ево́] ihn.

Wenn ein Konsonant am Ende des Wortes erscheint, wird sein Klang schwächer.

б wird ausgesprochen wie п: клуб - [клуп] Klub

в wird ausgesprochen wie ф: Медве́дев - [мидве́деф] Medwedew (Familienname)

г wird ausgesprochen wie к: ма́ркетинг - [ма́ркитинк] Marketing

д wird ausgesprochen wie т: шокола́д - [шакала́т] Schokolade

ж wird ausgesprochen wie ш: ложь - [лош] Lüge
з wird ausgesprochen wie с: капри́з - [капри́с] Laune

2

Растопи́ лёд
Brich das Eis

Говоря́т два ма́леньких ма́льчика.
«Как ты назва́л своего́ мла́дшего бра́та?» - спра́шивает оди́н из них друго́го.
«Я хоте́л назва́ть его́ Бэ́тмен, - отвеча́ет ма́льчик и глубоко́ вздыха́ет, - но мой роди́тели назва́ли его́ Том».

Zwei kleine Jungen reden.
„Wie hast du deinen jüngeren Bruder genannt?“, fragt einer von ihnen den anderen.
„Ich wollte ihn Batman nennen“, antwortete der Junge und seufzte tief, „aber meine Eltern nannten ihn Tom.“

Где нахо́дится столо́вая?

Wo ist das Speisezimmer?

Слова́

1. бе́лый - weiß
2. ва́за - die Vase
3. входи́ть - (her)einkommen
4. здесь - hier
5. зе́ркало - der Spiegel
6. како́й - welche(r/s), was für ein(e)
7. ковёр - der Teppich
8. ко́мната - das Zimmer
9. кори́чневый - braun
10. кра́сный - rot
11. не - nicht
12. но́вый - neu
13. нож - das Messer
14. они́ - sie (Pl.)
15. пла́стиковый - Kunststoff-, aus Kunststoff
16. пол - der Fußboden, die Etage
17. по́лка - das Regal
18. пусто́й - leer
19. сиде́ть - sitzen
20. си́ний - blau
21. ско́лько - wieviel
22. смотре́ть - anschauen
23. столо́вая - das Speisezimmer
24. три - drei
25. цвет - die Farbe
26. четы́ре - vier
27. шесть - sechs
28. э́та - diese (Fem.)
29. э́ти - diese (Pl.)
30. э́тот - dieser

В

- Э́то ку́хня?	- Ist das die Küche?
- Да, э́то ку́хня.	- Ja, das ist die Küche.
- Где нахо́дится столо́вая?	- Wo ist das Speisezimmer?
- Столо́вая нахо́дится сле́ва.	- Das Speisezimmer ist links.
Мы вхо́дим в столо́вую.	Wir treten in das Speisezimmer ein.
- Что э́то?	- Was ist das?
- Э́то стол.	- Das ist ein Tisch.
- Стол пла́стиковый?	- Ist der Tisch aus Kunststoff?
- Нет, он деревя́нный.	- Nein, er ist hölzern.
- Что нахо́дится на столе́?	- Was gibt es auf dem Tisch?
- Э́то таре́лки и ло́жки.	- Es gibt Teller und Löffel.
- Они́ чи́стые?	- Sind sie sauber?
- Да, они́ чи́стые.	- Ja, sie sind sauber.
- Что во́зле стола́?	- Was gibt es an dem Tisch?
- Э́то стул.	- Das ist ein Stuhl.
- Он но́вый?	- Ist er neu?
- Да, он но́вый и удо́бный.	- Ja, er ist neu und bequem.
- Како́го цве́та э́тот стул?	- Welche Farbe hat dieser Stuhl?
- Э́тот стул кори́чневый.	- Der Stuhl ist braun.
- Ско́лько сту́льев в э́той ко́мнате?	- Wie viele Stühle gibt es in diesem Raum?
- В э́той ко́мнате четы́ре сту́ла.	- Es gibt vier Stühle in diesem Raum.
- Где ча́шки?	- Wo sind die Tassen?
- Ча́шки стоя́т на столе́.	- Die Tassen stehen auf dem Tisch.
- Где ча́йник?	- Wo ist der Teekessel?
- Ча́йник стои́т на плите́.	- Der Teekessel ist auf dem Herd.
- Он пусто́й?	- Ist er leer?
- Нет, он не пусто́й. Кот сиди́т в ча́йнике.	- Nein, er ist nicht leer. Die Katze sitzt in dem Teekessel.
- Что виси́т на стене́?	- Was hängt auf der Wand?
- Э́то карти́на.	- Das ist ein Bild.
- Карти́на но́вая и́ли ста́рая?	- Ist das Bild neu oder alt?

- Онá краси́вая и стáрая.
- Где салфéтки?
- Салфéтки в шкафу́.
- Где шкаф?
- Он нахóдится вóзле карти́ны.
- Какóго цвéта шкаф?
- Он бéлый.
- Скóлько пóлок в шкафу́?
- В шкафу́ три пóлки.
- Где ви́лки?
- Ви́лки тóже в шкафу́.
- Что э́то?
- Э́то зéркало. Собáка смóтрит в зéркало.
- Что на полу́?
- Э́то ковёр.
- Какóго цвéта э́тот ковёр?
- Э́тот ковёр си́него цвéта.
- Какóго цвéта потолóк?
- Потолóк сéрого цвéта.
- Что на потолкé?
- Э́то лю́стра.
- Какóго цвéта э́та лю́стра?
- Э́та лю́стра си́него и бéлого цвéта.
- Где холоди́льник?
- Он нахóдится в ку́хне.
- Холоди́льник большóй?
- Да, он большóй.
- Какóго цвéта холоди́льник?
- Холоди́льник сéрый. Кот ест ры́бу из холоди́льника.
- Где нахóдится блендер?
- Он на холоди́льнике.

- Es ist schön und alt.
- Wo sind die Servietten?
- Die Servietten sind im Schränkchen.
- Wo ist das Schränkchen?
- Es steht in der Nähe des Bildes.
- Welche Farbe hat das Schränkchen?
- Es ist weiß.
- Wie viele Regale gibt es im Schränkchen?
- Das Schränkchen hat drei Regale.
- Wo sind die Gabeln?
- Die Gabeln sind auch im Schränkchen.
- Was ist das?
- Das ist ein Spiegel. Der Hund schaut in den Spiegel.
- Was liegt auf dem Fußboden?
- Das ist ein Teppich.
- Welche Farbe hat der Teppich?
- Der Teppich ist blau.
- Welche Farbe hat die Decke?
- Die Decke ist grau.
- Was hängt unter der Decke?
- Das ist ein Kronleuchter.
- Welche Farbe hat der Kronleuchter?
- Der Kronleuchter ist blau und weiß.
- Wo ist der Kühlschrank?
- Er steht in der Küche.
- Ist der Kühlschrank groß?
- Ja, er ist groß.
- Welche Farbe hat der Kühlschrank?
- Der Kühlschrank ist grau. Die Katze frißt einen Fisch aus dem Kühlschrank.
- Wo ist der Blender?
- Er liegt auf dem Kühlschrank.

- Блендер но́вый?	- Ist der Blender neu?
- Да, он но́вый.	- Ja, er ist neu.
- Где кофева́рка?	- Wo ist die Kaffeemaschine?
- Она́ во́зле мо́йки.	- Sie steht neben dem Ausguss.
- Кофева́рка чи́стая?	- Ist die Kaffeemaschine sauber?
- Нет, она́ гря́зная.	- Nein, sie ist schmutzig.
- Где то́стер?	- Wo ist der Toaster?
- Он нахо́дится на ку́хне в шкафу́.	- Er ist in der Küche im Küchenregal.
- Что на столе́?	- Was gibt es auf dem Tisch?
- Э́то ва́за.	- Das ist eine Vase.
- Она́ стекля́нная?	- Ist sie gläsern?
- Да, она́ стекля́нная.	- Ja, sie ist gläsern.
- Что в ва́зе?	- Was steht in der Vase?
- Э́то цветы́.	- Es sind Blumen da.
- Ско́лько цвето́в в ва́зе?	- Wie viele Blumen gibt es in der Vase?
- В ва́зе шесть цвето́в.	- Es sind sechs Blumen in der Vase.
- Како́го цве́та э́ти цветы́?	- Welche Farbe haben diese Blumen?
- Они́ кра́сного цве́та.	- Sie sind rot.
- Здесь есть ми́ксер?	- Gibt es den Mixer hier?
- Нет, ми́ксер на ку́хне.	- Nein, der Mixer ist in der Küche.
- В шкафу́ есть ножи́?	- Gibt es Messer im Schränkchen?
- Да, в шкафу́ есть ножи́.	- Ja, es sind Messer im Schränkchen.
- Како́го цве́та э́та таре́лка?	- Welche Farbe hat dieser Teller?
- Она́ си́него цве́та.	- Er ist blau.
- Како́го цве́та э́та стена́?	- Welche Farbe hat diese Wand?
- Она́ зелёного цве́та.	- Sie ist grün.

C

Geschlecht der Substantive

Substantive haben keinen Artikel. Es gibt drei Geschlechter: Maskulinum, Femininum und Neutrum. Das Geschlecht der Substantive, sowohl lebendige (belebt) als auch Gegenstände (unbelebt), werden von der Endung des Wortes bestimmt.

Substantive im Maskulinum enden mit einem Konsonant oder -й: го́род (Stadt), но́мер

(Nummer), ди́джей (DJ). Die wichtigsten Ausnahmen: па́па (Vater), дя́дя (Onkel), мужчи́на (Mann).
Substantive im Femininum enden normalerweise mit -а oder -я: фами́лия (Familienname), фи́рма (Firma).
Substantive im Neutrum enden mit -о oder -е: о́тчество (Vatersname), зда́ние (Gebäude). Die Hauptausnahme: и́мя (Name)
Die meisten Substantive mit der Endung -ь sind Maskulinum oder Femininum: сеть (Netz, Fem.), день (Tag, Mask.), стиль (Stil, Mask.).

Infinitive

Der Infinitiv des Verbs ist die Grundform, die im Wörterbuch steht. Verben im Infinitiv enden mit -ать, -ить, -еть, -оть, -ти oder -ся (für reflexive Verben): говори́ть, чита́ть, удивля́ться.

3

Растопи́ лёд
Brich das Eis

Ма́ма захо́дит в спа́льню и ви́дит лежа́щего на полу́ ма́ленького сы́на.
«Па́ша, ты спишь?» - спра́шивает ма́ма.
«Нет, я игра́ю», - отвеча́ет сын.
Ма́ма ухо́дит. Че́рез де́сять мину́т она́ возвраща́ется в спа́льню. Её сын лежи́т на полу́ в том же ме́сте.
«В каку́ю игру́ ты игра́ешь?» - спра́шивает она́.
«Я игра́ю в ро́бота. В сло́манного ро́бота».

Eine Mutter kommt ins Schlafzimmer und sieht ihren kleinen Sohn auf dem Boden liegen.
„Paul, schläfst du?“, fragt die Mutter.
„Nein, ich spiele“, antwortet der Sohn.
Die Mutter geht weg. Sie kommt zehn Minuten später in das Schlafzimmer zurück.
Ihr Sohn liegt auf dem Boden an der gleichen Stelle.
„Welches Spiel spielst du?“, fragt sie.
„Ich spiele einen Roboter. Einen kaputten Roboter.”

Зал

Der Saal

Слова́

1. бе́жевый - beigefarben, beige (unflektiert), sandfarbig
2. выключа́тель - der Schalter
3. дива́н - das Sofa
4. ещё - mehr, noch
5. журна́льный сто́лик - das Tischlein
6. зал - der Saal, die Halle
7. интере́сный - interessant
8. ками́н - der Kamin
9. кни́га - das Buch
10. кре́сло - der Sessel
11. ла́мпа - die Lampe
12. лежа́ть - liegen
13. ли - ob
14. мно́го - viele
15. мя́гкий - weich
16. о́коло - nah
17. под - unter
18. поду́шка - das Kissen
19. проходи́ть - vergehen
20. пря́мо - geradeaus
21. пурпу́рный - purpurrot
22. рабо́тать - arbeiten, funktionieren
23. ра́дио - der Rundfunk, das Radio

24. ро́за - die Rose
25. сто́лик - das Tischlein
26. та́кже - auch
27. телеви́зор - der Fernseher
28. тюльпа́н - die Tulpe
29. у - bei, an
30. фотогра́фия - das Foto
31. чёрный - schwarz
32. Шекспи́р - Shakespeare

B

- Где зал?
- Зал пря́мо.

Мы прохо́дим в зал. Зал большо́й и ую́тный. Потоло́к се́рого цве́та. Сте́ны зелёные.

- Что на полу́?
- На полу́ ковёр. Он мя́гкий. Ковёр пурпу́рный.
- Что сто́ит на ковре́?
- На ковре́ стои́т журна́льный сто́лик. Он стекля́нный. На столе́ лежи́т интере́сная кни́га. Она́ се́рого цве́та.
- Где кре́сло?
- Кре́сло стои́т за журна́льным сто́ликом. Оно́ большо́е и удо́бное.
- В э́той ко́мнате есть дива́н?
- Да, дива́н стои́т о́коло окна́. На дива́не сиди́т кот с ры́бой. Та́кже на дива́не лежа́т поду́шки. Они́ пурпу́рного цве́та. Поду́шки мя́гкие и удо́бные.
- Что виси́т на стене́?
- На стене́ виси́т карти́на.
- Где в э́той ко́мнатеками́н?

- Wo ist der Saal?
- Der Saal ist geradeaus.

Wir treten in den Saal ein. Der Saal ist groß und gemütlich. Die Decke ist grau. Die Wände sind grün.

- Was gibt es auf dem Fußboden?
- Ein Teppich liegt auf dem Fußboden. Er ist weich. Der Teppich ist purpurrot.
- Was steht auf dem Teppich?
- Es gibt ein Tischlein auf dem Teppich. Es ist aus Glas. Ein interessantes Buch liegt auf dem Tischlein. Es ist grau.
- Wo ist der Sessel?
- Der Sessel steht hinter dem Tischlein. Er ist groß und bequem.
- Gibt es ein Sofa in diesem Raum?
- Ja, ein Sofa steht in der Nähe des Fensters. Eine Katze sitzt auf dem Sofa mit dem Fisch. Kissen liegen auch auf dem Sofa. Sie sind purpurrot. Die Kissen sind weich und bequem.
- Was hängt an der Wand?
- Ein Bild hängt an der Wand.
- Wo ist der Kamin in diesem Raum?

-Ками́н нахо́дится под карти́ной. Он большо́й и краси́вый.
- Что стои́т наками́не?
- На ками́не стои́т фотогра́фия и ва́за.
- Что в ва́зе?
- В ва́зе краси́вые жёлтые ро́зы.
- Ско́лько роз в ва́зе?
- В ва́зе шесть роз.
- Есть ли ещё цветы́ в э́той ко́мнате?
- Да, на окне́ стоя́т тюльпа́ны.
- Есть ли кни́ги в э́той ко́мнате?
- Да, мно́го книг есть в шкафу́.
- Где шкаф?
- Он нахо́дится о́коло две́ри.
- Что в шкафу́?
- В шкафу́ кни́ги и фотогра́фии.
- В шкафу́ есть кни́ги Шекспи́ра?
- Да, они́ кра́сного цве́та.
- Ско́лько по́лок в шкафу́?
- В шкафу́ четы́ре по́лки.
- Что на потолке́?
- На потолке́ но́вая лю́стра.
- Где нахо́дится выключа́тель?
- Выключа́тель нахо́дится на стене́ спра́ва.
- В ко́мнате есть ещё ла́мпы?
- Есть ещё ла́мпа о́коло дива́на.
- Како́го цве́та э́та ла́мпа?
- Она́ бе́жевая.
- У вас есть телеви́зор?
- Да, он стои́т в углу́.

- Der Kamin ist unter dem Bild. Er ist groß und schön.
- Was gibt es auf dem Sims?
- Es gibt ein Foto und eine Vase auf dem Sims.
- Was gibt es in der Vase?
- Es gibt schöne gelbe Rosen in der Vase.
- Wie viele Rosen gibt es in der Vase?
- Es gibt sechs Rosen in der Vase.
- Gibt es mehr Blumen in diesem Raum?
- Ja, es gibt Tulpen auf der Fensterbank.
- Gibt es Bücher in diesem Raum?
- Ja, es gibt viele Bücher im Bücherschrank.
- Wo ist das Bücherschrank?
- Es steht in der Nähe der Tür.
- Was gibt es in dem Bücherschrank?
- Es gibt Bücher und Fotos im Bücherschrank.
- Gibt es Bücher von Shakespeare im Schrank?
- Ja, sie sind rot.
- Wie viele Regale gibt es im Bücherschrank?
- Es gibt vier Regale im Bücherschrank.
- Was gibt es auf der Decke?
- Ein neuer Kronleuchter hängt von der Decke.
- Wo ist der Schalter?
- Der Schalter ist auf der Wand auf der rechten Seite.
- Gibt es mehr Lampen in diesem Raum?
- Es gibt noch eine Lampe neben dem Sofa.
- Welche Farbe hat diese Lampe?
- Sie ist beige.
- Hast du einen Fernseher?
- Ja, er ist in der Ecke.

- Телеви́зор большо́й и́ли ма́ленький?
- Он большо́й и чёрный.
- Э́то ра́дио рабо́тает?
- Да, оно́ рабо́тает.

- Ist der Fernseher groß oder klein?
- Er ist groß und schwarz.
- Funktioniert dieses Radio?
- Ja, es funktioniert.

Geschlecht der Adjektive

Adjektive stimmen mit Substantiven und Pronomen nach Zahl, Geschlecht und Kasus überein.

Für das Maskulinum sind die Endungen eigen: -ый, -ий, -ой: ру́сский го́род - eine russische Stadt, компью́терный магази́н - Computer Geschäft, молодо́й челове́к - ein junger Mann.

Für das Femininum sind die Endungen -ая: ру́сская кни́га - ein russisches Buch, стро́йная же́нщина - eine schlanke Frau.

Für das Neutrum sind die Endungen - ое, -ее: большо́е си́нее о́зеро - ein großer blauer See, но́вое зда́ние - ein neues Gebäude, .

Für den Plural sind die Endungen für alle Geschlechter gleich -ые, -ие: америка́нские студе́нты - amerikanische Studenten, но́вые ру́сские фи́льмы - neue russische Filme.

Kurze Form der Adjektive

Es gibt eine kurze Form der Adjektive. Sie wird immer nach Substantiven oder Pronomen benutzt:

Он мо́лод. Er ist jung. Vergleiche: Он молодо́й челове́к.

А́ня молода́. Anja ist jung. Vergleiche: А́ня молода́я де́вушка.

Э́то ме́сто свобо́дно. Dieser Platz ist frei. Vergleiche: Свобо́дное ме́сто там.

Э́ти места́ свобо́дны. Diese Plätze sind frei. Vergleiche: Свобо́дные места́ там.

4

Растопи́ лёд
Brich das Eis

Па́па и его́ ма́ленькая до́чка возвраща́ются домо́й с де́тской площа́дки. До́чка хо́чет верну́ться на де́тскую площа́дку и продо́лжить игра́ть. Она́ начина́ет пла́кать.
«Что случи́лось?» - спра́шивает ма́ма.
«Э́тот па́па ... наш па́па му́чает дете́й!» - кричи́т де́вочка.
«Каки́х дете́й?» - спра́шивает ма́ма.
«Меня́!» - отвеча́ет до́чка.

Ein Vater und seine kleine Tochter kehren vom Spielplatz heim. Die Tochter will zurück zum Spielplatz gehen und das Spielen fortsetzen. Sie beginnt zu weinen.
„Was ist passiert?“, fragt die Mutter.
„Dieser Papa... unser Papa foltert Kinder!“, schreit das Mädchen.
„Welche Kinder?“, fragt die Mutter.
„Mich!“, antwortet die Tochter.

Ва́нная

Das Badezimmer

Слова́

1. бельё - die Wäsche, die Unterwäsche
2. бесе́довать - sprechen, plaudern
3. бума́га - das Papier
4. ва́нна - die Badewanne
5. ва́нная - das Badezimmer, das Bad
6. горя́чий - heiß
7. гото́вить - zubereiten
8. де́лать - machen
9. душ - die Dusche
10. еда́ - das Essen
11. зубно́й - Zahn-
12. зу́бы - die Zähne (Pl.)
13. ко́врик - der Läufer, der Bettvorleger
14. корзи́на - der Korb
15. кран - der Wasserhahn
16. ку́шать - essen
17. маши́на - die Maschine
18. мо́жно - möglich
19. му́сор - der Müll, der Abfall
20. мы́ло - die Seife
21. мыть - waschen
22. отдыха́ть - sich ausruhen, sich erholen
23. полоте́нце - das Handtuch
24. принима́ть - nehmen
25. рука́ - die Hand
26. ря́дом - neben
27. слу́шать - hören
28. со, с - mit

29. стира́льный - Wasch- (z.B. Waschpulver)
30. туале́тный - Toiletten-
31. умыва́льник - das Waschbecken
32. умыва́ться - sich waschen
33. унита́з - die Toilette
34. холо́дный - kühl
35. чи́стить - reinigen, sauber machen
36. чита́ть - lesen
37. щётка - die Bürste

B

Мы прохо́дим в ва́нную. Ва́нная ма́ленькая и све́тлая. Сте́ны в ва́нной си́него цве́та. Потоло́к бе́лый.
- Что э́то?
- Э́то ва́нна.
- Она́ пла́стиковая и́ли металли́ческая?
- Ва́нна пла́стиковая.
- Что над ва́нной?
- Э́то кран и душ. Есть кран с горя́чей водо́й и кран с холо́дной водо́й.
- Что виси́т на стене́?
- Э́то чи́стое полоте́нце. Оно́ си́нее.
- Что лежи́т во́зле ва́нны на полу́?
- Во́зле ва́нны лежи́т ко́врик.
- Что э́то спра́ва?
- Э́то умыва́льник. Над умыва́льником виси́т зе́ркало. Есть та́кже кран с горя́чей и холо́дной водо́й.
- Что нахо́дится на умыва́льнике?
- На умыва́льнике мы́ло и зубны́е щётки.
- Что во́зле умыва́льника?
- Э́то стира́льная маши́на. Она́ бе́лого цве́та. Стира́льная маши́на но́вая.

Wir gehen weiter ins Badezimmer. Das Bad ist klein und hell. Die Wände im Badezimmer sind blau. Die Decke ist weiß.
- Was ist das?
- Das ist die Badewanne.
- Ist sie aus Kunststoff oder aus Metall?
- Die Badewanne ist aus Kunststoff.
- Was gibt es über der Badewanne?
- Das ist der Wasserhahn und die Dusche. Es gibt einen Hahn mit warmem und einen Hahn mit kaltem Wasser.
- Was hängt an der Wand?
- Das ist ein sauberes Handtuch. Es ist blau.
- Was liegt neben der Badewanne auf dem Fußboden?
- Ein Läufer liegt neben der Badewanne.
- Was gibt es rechts?
- Das ist ein Waschbecken. Über dem Waschbecken hängt ein Spiegel. Es gibt auch einen Hahn mit warmem und kaltem Wasser.
- Was gibt es auf dem Waschbecken?
- Auf dem Waschbecken gibt es Seife und Zahnbürsten.
- Was gibt es neben dem Waschbecken?

- Что стои́т ря́дом со стира́льной маши́ной?
- Ря́дом со стира́льной маши́ной стои́т корзи́на для гря́зного белья́.
- Что стои́т в углу́?
- В углу́ стои́т корзи́на для му́сора.
- Что нахо́дится за умыва́льником?
- За умыва́льником нахо́дится унита́з.
- Что ря́дом с унита́зом?
- Э́то туале́тная бума́га и щётка для унита́за.
- Что мо́жно де́лать в ва́нной?
- В ва́нной мо́жно мыть ру́ки, умыва́ться, принима́ть ва́нну, чи́стить зу́бы.
- Что мо́жно де́лать на ку́хне?
- На ку́хне мо́жно гото́вить еду́, мыть посу́ду.
- Что мо́жно де́лать в столо́вой?
- В столо́вой мо́жно ку́шать и бесе́довать.
- Что мо́жно де́лать в за́ле?
- В за́ле мо́жно отдыха́ть, смотре́ть телеви́зор, слу́шать ра́дио, бесе́довать, чита́ть.

- Das ist eine Waschmaschine. Sie ist weiß. Die Waschmaschine ist neu.
- Was gibt es neben der Waschmaschine?
- Neben der Waschmaschine steht ein Korb mit schmutziger Wäsche.
- Was gibt es in der Ecke?
- In der Ecke steht ein Mülleimer.
- Was gibt es hinter dem Waschbecken?
- Hinter dem Waschbecken gibt es eine Toilette.
- Was gibt es neben der Toilette?
- Das ist Toilettenpapier und eine Toilettenbürste.
- Was kann man im Badezimmer machen?
- Im Badezimmer kann man die Hände waschen, sich waschen, ein Bad nehmen oder die Zähne putzen.
- Was kann man in der Küche machen?
- In der Küche kann man Essen zubereiten und das Geschirr waschen.
- Was kann man im Speisezimmer machen?
- Im Speisezimmer kann man essen und sprechen.
- Was kann man im Wohnzimmer machen?
- Im Wohnzimmer kann man sich erholen, fernsehen, Rundfunk hören, lesen oder sprechen.

Plural der Substantive

Die Meisten Substantive im Maskulinum und Femininum haben im Plural (Nominativ) die Endung -ы, falls der Wortstamm mit einem hartem Konsonanten endet: фи́рма - фи́рмы, телефо́н - телефо́ны.

Substantive mit Endungen -а und -я verlieren diese: мужчи́на - мужчи́ны Mann - Männer, же́нщина - же́нщины Frau - Frauen.

Wenn der Wortstamm mit weichem Konsonant oder г, ж, к, х, ч, ж, ш, щ endet, ist die Plural-Endung -и: кни́га - кни́ги Buch - Bücher, банк - ба́нки Bank - Banken.
Das weiche Zeichen (-ь) entfällt dabei: день - дни Tag - Tage.
Substantive im Neutrum mit der Endung -о haben im Plural die Endung -а: окно́ - о́кна das Fenster - die Fenster.
Substantive im Neutrum mit der Endung -е haben im Plural die Endung -я: зда́ние - зда́ния das Gebäude - die Gebäude.

5

Растопи́ лёд
Brich das Eis

«Ско́лько де́вочек в твоём кла́ссе?» - спра́шивает ма́ма свою́ ма́ленькую до́чку.
«В моём кла́ссе семь де́вочек», - отвеча́ет де́вочка.
«А как насчёт ма́льчиков?» - спра́шивает ма́ма.
«Есть мно́го ма́льчиков. Но они́ всегда́ бе́гают туда-сюда́. Их невозмо́жно сосчита́ть», - отвеча́ет де́вочка.

"Wie viele Mädchen sind in deiner Klasse?", fragt eine Mutter ihre kleine Tochter.
„In meiner Klasse sind sieben Mädchen", antwortet das Mädchen.
„Was ist mit den Jungen?", fragt die Mutter.
„Es sind viele Jungen. Aber sie rennen immer hin und her. Es ist unmöglich, sie zu zählen", antwortet das Mädchen.

Ты умéешь говорúть по-немéцки úли по-испáнски?

Kannst du Deutsch oder Spanisch sprechen?

A

Словá

1. англúйский - Englisch
2. баскетбóл - der Basketball
3. брат - der Bruder
4. брать - nehmen
5. быть - sein
6. вéчером - abends, am Abend
7. взять - nehmen
8. говорúть - sprechen
9. дéрево - der Baum
10. дóлжен - sollen
11. домóй - nach Hause
12. друг - der Freund
13. другóй - andere(r/s)
14. егó - ihn, sein
15. ждать - warten
16. заболéть - krank werden, erkranken
17. зáвтра - morgen
18. звать - rufen, nennen
19. звонúть - anrufen
20. игрáть - spielen
21. идтú - gehen
22. кафé - das Café
23. кинó - das Kino
24. компьютер - der Computer
25. магазúн - das Geschäft, der Laden
26. мóжет быть - vielleicht

27. мой - mein
28. мочь - können
29. наве́рное - wahrscheinlich
30. наш - unser
31. немно́го - ein bisschen
32. но - aber
33. ну́жно - brauchen
34. писа́ть - schreiben
35. по-англи́йски - auf Englisch
36. по-испа́нски - auf Spanisch
37. положи́ть - legen
38. помога́ть - helfen
39. по-неме́цки - auf Deutsch
40. по́сле - nach
41. по-францу́зски - auf Französisch
42. почему́ - warum
43. рабо́та - die Arbeit
44. свой - mein, dein etc. (eigen)
45. сего́дня - heute
46. сейча́с - jetzt
47. твой - dein
48. телефо́н - das Telefon
49. тетра́дь - das Heft
50. труди́ться - sich bemühen
51. ты - du, Sie
52. убра́ть - aufräumen
53. уме́ть - können
54. учи́ть - lehren, beibringen
55. францу́зский - Französisch
56. хорошо́ - gut
57. я - ich
58. язы́к - die Sprache, die Zunge

B

1

- Ты уме́ешь чита́ть по-англи́йски и́ли по-францу́зски?
- Я могу́ чита́ть и писа́ть по-англи́йски и по-францу́зски.
- Ты уме́ешь говори́ть на э́тих языка́х?
- Я могу́ немно́го говори́ть на англи́йском языке́. Я не говорю́ по-францу́зски.
- Ты уме́ешь говори́ть по-неме́цки и́ли по-испа́нски?
- Да, я хорошо́ говорю́ по-неме́цки и по-испа́нски.

1

- Kannst du Englisch oder Französisch lesen?
- Ich kann beide auf Englisch und auf Französisch lesen und schreiben.
- Kannst du diese Sprachen sprechen?
- Ich spreche ein bisschen Englisch. Ich kann Französisch nicht sprechen.
- Kannst du Deutsch oder Spanisch sprechen?
- Ja, ich spreche Deutsch und Spanisch gut.
- Kannst du mich Spanisch lehren?

- Ты мо́жешь научи́ть меня́ говори́ть по-испа́нски?
- Да, могу́. Но ты до́лжен потруди́ться.

2

- Ты уме́ешь игра́ть в баскетбо́л?
- Нет, но я могу́ научи́ться.
- Мо́жет быть, мы поигра́ем за́втра?
- Я не могу́ за́втра, но я могу́ сего́дня.
- Мо́жет быть, сего́дня ве́чером?
- Да, ве́чером я могу́. Ты мо́жешь позва́ть свои́х друзе́й?
- Да, могу́.

3

- Где твой брат?
- Мы должны́ подожда́ть его́.
- Он, наве́рное, не придёт. Я могу́ идти́ домо́й?
- Да, мо́жешь.

4

- Мо́жно, я возьму́ э́ту кни́гу?
- Нет, ты не до́лжен брать э́ту кни́гу.
- Я могу́ взять э́ту ча́шку?
- Нет, ты не до́лжен брать э́ту ча́шку. Ты мо́жешь взять другу́ю ча́шку на ку́хне.
- Где твой друг?
- Он, наве́рное, на у́лице.

5

- Я, наве́рное, пойду́ в кино́. Ты мо́жешь пойти́ со мной?
- Нет, я не могу́. Я до́лжен де́лать рабо́ту.

- Ja, ich kann. Aber du musst dich bemühen.

2

- Kannst du Basketball spielen?
- Nein, aber ich kann es lernen.
- Vielleicht spielen wir morgen?
- Morgen kann ich nicht, aber ich kann heute spielen.
- Vielleicht heute Abend?
- Ja, ich kann am Abend spielen. Kannst du deine Freunde anrufen?
- Ja, ich kann.

3

- Wo ist dein Bruder?
- Wir müssen auf ihn warten.
- Wahrscheinlich wird er nicht kommen. Kann ich nach Hause gehen?
- Ja, du kannst.

4

- Kann ich dieses Buch nehmen?
- Nein, du kannst dieses Buch nicht nehmen.
- Kann ich diese Tasse nehmen?
- Nein, du kannst diese Tasse nicht nehmen. Du kannst eine andere Tasse aus der Küche nehmen.
- Wo ist dein Freund?
- Er ist wahrscheinlich draußen.

5

- Ich werde wahrscheinlich ins Kino gehen. Kannst du mitkommen?
- Nein, ich kann nicht. Ich muss arbeiten.
- Vielleicht kannst du nach der Arbeit gehen?
- Ja, ich kann nach der Arbeit gehen.

- Мóжет быть, ты пойдёшь пóсле рабóты?
- Да, я могý пойтú пóсле рабóты.
- Где моя́ кнúга?
- Онá, навéрное, в шкафý.
- Мóжно, я возьмý твою рýчку?
- Да, ты мóжешь взять рýчку в шкафý.

6

- Могý ли я взять э́ту тетрáдь?
- Нет, ты не дóлжен брать э́ту тетрáдь.
- Могý ли я сесть за стол?
- Да, мóжешь.
- Я могý положúть свою́ тетрáдь здесь?
- Да, мóжешь.
- Мне мóжно поигрáть в компью́тер?
- Да, ты мóжешь поигрáть сейчáс.
- Мне нýжно позвонúть. Могý ли я взять э́тот телефóн?
- Да, ты мóжешь егó взять.
- Мóжем ли мы пойтú в кафé?
- Нет, я дóлжен идтú на рабóту.

7

- Где наш кот?
- Он, навéрное, на дéреве.
- Мóжет быть, он в дóме?
- Нет, в дóме егó нет.

8

- Почемý твой друг не пришёл?
- Он, навéрное, заболéл.
- Ты дóлжен убрáть в зáле сейчáс.
- Мóжет быть, ты помóжешь мне?
- Нет, я дóлжен помы́ть посýду.

- Wo ist mein Buch?
- Es ist wahrscheinlich in dem Bücherschrank.
- Kann ich deinen Kugelschreiber nehmen?
- Ja, du kannst einen Kugelschreiber aus dem Bücherschrank nehmen.

6

- Kann ich dieses Heft nehmen?
- Nein, du kannst dieses Heft nicht nehmen.
- Kann ich mich am Tisch setzen?
- Ja, du kannst.
- Kann ich meinen Heft hier legen?
- Ja, du kannst.
- Kann ich Computer spielen?
- Ja, du kannst jetzt spielen.
- Ich muss telefonieren. Kann ich dieses Telefon nehmen?
- Ja, du kannst es nehmen.
- Können wir zum Café gehen?
- Nein, ich muss arbeiten gehen.

7

- Wo ist unsere Katze?
- Sie ist wahrscheinlich auf dem Baum.
- Vielleicht ist sie zu Hause?
- Nein, sie ist nicht zu Hause.

8

- Warum ist dein Freund nicht gekommen?
- Er ist wahrscheinlich krank.
- Du musst jetzt das Wohnzimmer aufräumen.
- Vielleicht kannst du mir helfen?
- Nein, ich muss das Geschirr waschen.

9

- Где зубны́е щётки?
- Мо́жет быть, они́ на стира́льной маши́не.
- Где моя́ кра́сная тетра́дь?
- Она́, наве́рное, на дива́не.
- Мо́жет быть, ты пойдёшь со мной в магази́н?
- Да, я могу́ пойти́.

9

- Wo sind die Zahnbürsten?
- Vielleicht liegen sie auf der Waschmaschine.
- Wo ist mein rotes Heft?
- Es ist wahrscheinlich auf dem Sofa.
- Vielleicht kannst du mit mir zum Geschäft gehen?
- Ja, ich kann mitgehen.

Verb быть (sein)

Das Verb быть fehlt normalerweise im Präsens:

Он студе́нт. - Er ist Student.

Она́ до́ма. - Sie ist zu Hause.

Allerdings können als Ersatz dieses Verbs явля́ться und находи́ться in einer formellen Situation benutzt werden: Он явля́ется студе́нтом. - Er ist Student.

Она́ нахо́дится до́ма. - Sie befindet sich zu Hause.

6

Растопи́ лёд
Brich das Eis

Па́па иногда́ чита́ет исто́рию о Зо́лушке свое́й ма́ленькой до́чке. Сего́дня он сно́ва её чита́ет.
«У меня́ никогда́ не бу́дет никого́, кто бы меня́ люби́л, - сказа́ла Зо́лушка и гру́стно запла́кала», - вслух чита́ет па́па. До́чка бы́стро берёт кни́гу у него́ из рук.
«Бу́дет! Бу́дет!» говори́т она́ и листа́ет кни́гу: «Принц полю́бит тебя́!»

Ein Vater liest seiner kleinen Tochter manchmal die Geschichte von Cinderella vor. Heute liest er sie wieder.
„Ich werde niemals jemanden haben, der mich liebt, sagte Cinderella und weinte traurig“, liest der Vater laut. Die Tochter nimmt schnell das Buch aus seinen Händen.
„Wirst du! Wirst du!”, sagt sie und blättert durch das Buch, „Der Prinz wird dich lieben!“

Ты мо́жешь мне помо́чь?

Kannst du mir helfen?

A

Слова́

1. а - aber, doch, und
2. ваш - ihr
3. ви́деть - sehen
4. включи́ть - einschalten
5. вре́мя - die Zeit
6. все - alles
7. вы́пить - trinken
8. гара́ж - die Garage
9. год - das Jahr
10. детекти́в - der Detektiv
11. её - sie (Sing.)
12. е́хать - fahren
13. же́нщина - die Frau
14. жить - leben
15. записа́ть - aufschreiben
16. име́ть - haben
17. испа́нец - der Spanier
18. италья́нец - der Italiener
19. их - sie, ihr (Pl.)
20. колле́кция - die Sammlung
21. коне́чно - natürlich
22. ко́шка - die Katze
23. кто - wer
24. люби́ть - lieben
25. любо́вь - die Liebe
26. ма́ло - wenig
27. ма́ма - die Mutter, Mama
28. молоко́ - das Milch

29. мотоци́кл - das Motorrad
30. моя́ - mein
31. мужчи́на - der Mann
32. найти́ - finden
33. но́мер - die Nummer
34. нра́виться - gefallen
35. о, об - über
36. оде́жда - die Kleidung
37. очки́ - die Brille
38. па́па - der Papa
39. по - über
40. пойти́ - gehen
41. поли́ция - die Polizei
42. приключе́ние - das Abenteuer
43. пять - fünf
44. свет - das Licht
45. свобо́дный - frei
46. сестра́ - die Schwester
47. ско́лько лет - wie viele Jahre
48. сосе́д - der Nachbar
49. та - diese (Sing.)
50. там - dort
51. телефо́нный - Telefon-
52. тогда́ - damals, dann
53. тури́ст - der Tourist
54. уезжа́ть - wegfahren
55. футбо́льный - Fußball-
56. ходи́ть - gehen
57. чай - der Tee
58. чей - wessen

B

1

- Мо́жно взять твою́ тетра́дь?
- Да, мо́жно. Она́ на столе́. Моя́ тетра́дь си́няя.
- Я не могу́ найти́ её.
- Мо́жет быть, моя́ тетра́дь на дива́не.
- Да, она́ на дива́не.
- Есть у тебя́ ещё ру́чка? Мне ну́жно записа́ть телефо́нный но́мер.
- Моя́ ру́чка лежи́т на столе́. Она́ металли́ческая.

1

- Kann ich dein Heft nehmen?
- Ja, du kannst. Es ist auf dem Tisch. Mein Heft ist blau.
- Ich kann es nicht finden.
- Vielleicht ist mein Heft auf dem Sofa.
- Ja, es ist auf dem Sofa.
- Hast du noch einen Kugelschreiber? Ich muss eine Telefonnummer aufschreiben.
- Mein Kugelschreiber liegt auf dem Tisch. Er ist aus Metall.

2

- Ско́лько лет ва́шему коту́?
- На́шему коту́ пять лет.
- Что лю́бит есть твой кот?

2

- Wie alt ist eure Katze?
- Unsere Katze ist fünf Jahre alt.
- Was frißt eure Katze am liebsten?

- Мой кот любит пить молоко́.
- Ско́лько лет её коту́?
- Её коту́ три го́да.

3

- У тебя́ мно́го друзе́й?
- Да, я име́ю мно́го друзе́й.
- У меня́ нет друзе́й в э́том го́роде.
- Мо́жет быть, ве́чером мы пойдём в кино́ с мои́ми друзья́ми. Ты мо́жешь пойти́ с на́ми?
- Да, могу́.
- Твоя́ сестра́ пойдёт с на́ми?
- Я могу́ позва́ть её.
- Я позвоню́ на твой телефо́н ве́чером.
- Твои́ друзья́ живу́т в э́том го́роде?
- Да, все мои́ друзья́ живу́т в э́том го́роде.

4

- Я до́лжен убра́ть в ко́мнате. Ты мо́жешь помо́чь мне?
- Нет, мне ну́жно найти́ мой телефо́н.
- Наве́рное, твой телефо́н на ку́хне.
- Помоги́ найти́ мой телефо́н, а я помогу́ тебе́ убра́ть в ко́мнате.

5

- У тебя́ есть интере́сные кни́ги?
- Я име́ю большу́ю колле́кцию книг. Мно́гие из них о приключе́ниях. Есть та́кже о любви́.
- Есть ли у тебя́ детекти́вы?
- Есть немно́го.
- Могу́ ли я уви́деть их?

- Unsere Katze mag Milch trinken.
- Wie alt ist ihre Katze?
- Ihre Katze ist drei Jahre alt.

3

- Hast du viele Freunde?
- Ja, ich habe viele Freunde.
- Ich habe keine Freunde in dieser Stadt.
- Vielleicht werde ich am Abend mit meinen Freunden ins Kino gehen. Kannst du mitkommen?
- Ja, ich kann.
- Kann deine Schwester auch mitkommen?
- Ich kann sie anrufen.
- Ich werde dich am Abend anrufen.
- Wohnen deine Freunde in dieser Stadt?
- Ja, alle meine Freunde wohnen in dieser Stadt.

4

- Ich muss das Zimmer aufräumen. Kannst du mir helfen?
- Nein, ich muss mein Telefon finden.
- Vielleicht ist dein Telefon in der Küche.
- Hilf mir, mein Telefon zu finden und ich werde dir mit dem Saubermachen helfen.

5

- Hast du irgendwelche interessanten Bücher?
- Ich habe eine große Buchsammlung. Viele von ihnen sind über Abenteuer. Es gibt auch Bücher über Liebe.
- Hast du Detektivromane?
- Ja, einige.
- Kann ich sie sehen?

- Да, мóжешь. Онú нахóдятся в шкáфу. На пóлке спрáва.
- У моéй мáмы тáкже есть коллéкция книг.

- Ja, du kannst. Sie sind im Regal. In dem Regal rechts.
- Meine Mutter hat auch eine Büchersammlung.

6

- Мне нýжно найтú очкú пáпы. Где онú?
- Мóжет быть, егó очкú на пóлке.
- Нет, егó очкóв там нет.
- Тогдá онú в зáле на столé.
- Я нашёл егó очкú.

6

- Ich muss Papas Brille finden. Wo ist sie?
- Vielleicht ist seine Brille im Regal.
- Nein, seine Brille ist nicht dort.
- Dann ist sie im Saal auf dem Tisch.
- Ich habe die Brille gefunden.

7

- Я дóлжен помы́ть нáши чáшки.
- Ты дóлжен помы́ть чáшки сейчáс?
- Да, я дóлжен помы́ть их сейчáс.
- В э́той кóмнате есть чúстые чáшки?
- Да, мнóго чúстых чáшек есть на той пóлке.
- Какáя чáшка моя́?
- Твоя́ чáшка жёлтая, а моя́ сúняя.

7

- Ich muss unsere Tassen waschen.
- Musst du die Tassen jetzt waschen?
- Ja, ich muss sie jetzt waschen.
- Gibt es saubere Tassen in diesem Zimmer?
- Ja, es gibt mehrere saubere Tassen in diesem Regal.
- Welche Tasse ist für mich?
- Deine Tasse ist gelb, aber meine ist blau.

8

- Э́тот мужчúна мой пáпа. Э́то дом пáпы.
- Егó дом нóвый?
- Нет, егó дом не нóвый.
- Э́то вáша машúна?
- Нет, э́то сúняя машúна, а нáша машúна крáсная.

8

- Dieser Mann ist mein Papa. Das ist Papas Haus.
- Ist sein Haus neu?
- Nein, sein Haus ist nicht neu.
- Ist das dein Auto?
- Nein, dass ist ein blaues Auto, und unser Auto ist rot.

9

- Э́то моя́ мáма.
- Онá уезжáет?
- Да, онá éдет на рабóту.
- Э́то её машúна?

9

- Das ist meine Mutter.
- Geht sie weg?
- Ja, sie geht arbeiten.
- Ist das ihr Auto?

- Да, э́то маши́на ма́мы. Её маши́на но́вая.
- У твоего́ па́пы то́же есть маши́на?
- Да, его́ маши́на в гараже́.

10

- Тебе́ нра́вятся соба́ки?
- Нет, но у мое́й ма́мы есть соба́ка.
- Э́то соба́ка твое́й ма́мы?
- Да, э́то её соба́ка.

11

- Где твоя́ ко́мната?
- Моя́ ко́мната спра́ва. Она́ чи́стая и све́тлая.
- Чья ко́мната сле́ва?
- Э́то ко́мната ма́мы. Её ко́мната больша́я и краси́вая.

12

- В ча́йнике есть вода́?
- Да, в ча́йнике есть немно́го воды́.
- Мо́жно мне немно́го ча́я?
- Да, коне́чно.

13

- На́ша ко́шка вы́пила ма́ло молока́.
- Наве́рное, она́ заболе́ла.

14

- В э́том го́роде живёт мно́го италья́нцев и испа́нцев?
- Да, здесь мно́го тури́стов.
- Наш го́род краси́вый.
- Мне нра́вится жить здесь.

15

- Кто э́то?
- Э́то мой друг Ро́берт.

- Ja, das ist das Auto meiner Mutter. Ihr Auto ist neu.
- Hat dein Papa auch ein Auto?
- Ja, sein Auto steht in der Garage.

10

- Magst du Hunde?
- Nein, aber meine Mutter hat einen Hund.
- Gehört dieser Hund deiner Mutti?
- Ja, das ist ihr Hund.

11

- Wo ist dein Zimmer?
- Mein Zimmer ist rechts. Es ist sauber und hell.
- Wessen Zimmer ist links?
- Das ist das Zimmer meiner Mutter. Ihr Zimmer ist groß und schön.

12

- Gibt es Wasser im Teekessel?
- Ja, es gibt ein wenig Wasser im Teekessel.
- Kann ich ein bisshen Tee bekommen?
- Ja, natürlich.

13

- Unsere Katze hat nur ein wenig Milch getrunken.
- Ich denke dass sie krank war.

14

- Wohnen viele Italiener und Spanier in dieser Stadt?
- Ja, es gibt viele Touristen hier.
- Unsere Stadt ist schön.
- Ich mag es, hier zu leben.

15

- Wer ist das?
- Das ist mein Freund, Robert.

- Его́ оде́жда ста́рая.
- Он не лю́бит ходи́ть по магази́нам.

16

- Э́та же́нщина живёт в до́ме напро́тив?
- Да, она́ на́ша сосе́дка.
- Э́то её большо́й мотоци́кл там?
- Да, э́то её мотоци́кл.

17

- В э́той ко́мнате ма́ло све́та. Ты мо́жешь включи́ть свет?
- Да, могу́.

18

- В го́роде сего́дня мно́го поли́ции?
- Да, сего́дня футбо́льный матч.
- Мо́жет, пойдём на футбо́льный матч?
- Да, я име́ю мно́го свобо́дного вре́мени.

- Er hat alte Kleidung.
- Er mag das Einkaufen nicht.

16

- Wohnt diese Frau in dem Haus gegenüber?
- Ja, sie ist unsere Nachbarin.
- Ist das ihr großes Motorrad?
- Ja, das ist ihr Motorrad.

17

- Es gibt wenig Licht in diesem Zimmer. Kannst du das Licht einschalten?
- Ja, ich kann.

18

- Gibt es heute viele Polizisten in der Stadt?
- Ja, heute gibt es ein Fußballspiel.
- Vielleicht können wir zum Fußballspiel gehen?
- Ja, ich habe viel Freizeit.

Das Verb Име́ть / Есть

Das Verb име́ть (haben) bezeichnet manchmal einen Besitz. Die folgende Konstruktion wird öfter verwendet:

У меня́ (есть) кни́га. - Ich habe ein Buch.

У нас (есть) кни́га. - Wir haben ein Buch.

У тебя́ (есть) кни́га. - Du hast ein Buch. (Sing.)

У Вас/вас (есть) кни́га. - Sie haben ein Buch. (Plur.)

У него́ (есть) кни́га. - Er hat ein Buch/Es hat ein Buch. (Mask. und Neut.)

У неё (есть) кни́га. - Sie hat ein Buch.

У них (есть) кни́га. - Sie haben ein Buch.

7

Растопи́ лёд
Brich das Eis

На дне рожде́ния мно́го ма́леньких детей. Они́ все сидя́т за столо́м. На столе́ большо́й торт. На то́рте шокола́дные живо́тные.
«Кто хо́чет зе́бру?» - спра́шивает дете́й ма́ма.
«Пожа́луйста, да́йте мне зе́бру», - говори́т одна́ де́вочка.
«Пожа́луйста, да́йте мне ры́бу», - говори́т друга́я де́вочка.
«Пожа́луйста, да́йте мне жира́фа», - говори́т ма́льчик.
«Пожа́луйста, да́йте мне ло́жку», - говори́т друго́й ма́льчик.

Es sind viele kleine Kinder bei einer Geburtstagsparty. Sie alle sitzen am Tisch. Ein großer Kuchen ist auf dem Tisch. Auf dem Kuchen sind Schokoladentiere.
„Wer will das Zebra?", fragt die Mutter die Kinder.
„Geben Sie mir bitte das Zebra", sagt ein Mädchen.
„Geben Sie mir bitte den Fisch", sagt ein weiteres Mädchen.
„Geben Sie mir bitte die Giraffe", sagt ein Junge.
„Geben Sie mir bitte einen Löffel", sagt ein weiterer Junge.

Как тебя́ зову́т?

Wie heißt du?

Слова́

1. автомоби́ль - das Auto, der Wagen
2. автосе́рвис - der Autoservice
3. аге́нтство - die Agentur, das Büro
4. англича́нка - die Engländerin
5. А́нглия - England
6. блю́до - die Speise, das Gericht
7. бы - in einem Konditionalsatz, z.B. “Wenn..., dann **würde** ich”
8. Великобрита́ния - Großbritannien
9. восемна́дцать - achtzehn
10. во́семь - acht
11. врач - der Arzt
12. всегда́ - immer
13. вся - (die) ganze
14. вы - du, Sie
15. гость - der Gast
16. два - zwei
17. два́дцать - zwanzig
18. двена́дцать - zwölf
19. де́тский - Kinder-
20. до - bis
21. дома́шний - Haus-, häuslich
22. е́здить - fahren
23. живо́тное - das Tier
24. жизнь - das Leben
25. знако́миться - kennenlernen
26. знать - kennen
27. Ита́лия - Italien
28. как - wie
29. како́й-нибудь - irgendwelcher
30. клуб - der Klub
31. ко, к - zu, nach

32. когда́ - wann, als
33. лет - Jahre
34. ло́ндонский - Londoner
35. лосо́сь - der Lachs
36. ма́рка - die Briefmarke
37. меха́ник - der Mechaniker
38. нас - uns
39. национа́льность - die Nationalität
40. национа́льный - national
41. Неа́поль - Neapel
42. неда́вно - letztens, kürzlich
43. недви́жимость - die Immobilie, das Grundbesitz
44. неме́цкий - Deutsch
45. оди́н - ein
46. оте́ц - der Vater
47. отку́да - woher
48. отли́чный - herrlich
49. о́тпуск - der Urlaub, die Ferien
50. о́чень - sehr
51. пече́нье - der Keks, das Törtchen
52. писа́тельница - die Schriftstellerin
53. пи́цца - die Pizza
54. по́чта - das Postamt
55. приве́т - Hallo
56. продава́ть - verkaufen
57. профессиона́льный - professionell
58. профе́ссия - der Beruf, das Fach
59. путеше́ствовать - reisen
60. ремо́нт - die Renovierung
61. роди́тели - die Eltern
62. роди́ться - geboren sein
63. семья́ - die Familie
64. со́рок - vierzig
65. ста́рший - älter
66. страна́ - das Land
67. три́дцать - dreißig
68. университе́т - die Universität
69. учи́ться - lernen
70. футбо́л - der Fußball
71. футболи́ст - der Fußballspieler
72. хо́лодно - kalt, kühl
73. ча́сто - oft
74. шко́ла - die Schule
75. я́сли - Kinderkrippe

B

1	1
- Приве́т.	- Hallo.
- Приве́т.	- Hallo.
- Как тебя́ зову́т?	- Wie heißt du?
- Меня́ зову́т Фрэнк. А тебя́ как зову́т?	- Ich heiße Frank. Und wie ist deine Name?
- Меня́ зову́т Ма́рио.	- Ich heiße Mario.
- Ско́лько тебе́ лет?	- Wie alt bist du?

- Мне восемна́дцать лет.
- Кто ты по национа́льности?
- Я роди́лся и живу́ в Великобрита́нии. Мой оте́ц испа́нец. Ма́ма англича́нка. А отку́да ты?
- Я по национа́льности италья́нец. Я живу́ в Неа́поле. Ты рабо́таешь и́ли у́чишься?
- Я учу́сь в национа́льном университе́те. А кака́я у тебя́ профе́ссия?
- Я по профе́ссии меха́ник. У меня́ есть свой автосе́рвис в Ита́лии.
- Тебе́ нра́вится А́нглия?
- Мне нра́вится э́та страна́, но здесь хо́лодно. Я сейча́с мно́го путеше́ствую. Ты лю́бишь путеше́ствовать?
- Мне нра́вится путеше́ствовать, но сейча́с у меня́ о́чень ма́ло вре́мени.
- Ты мог бы прие́хать ко мне в го́сти со свое́й семьёй?
- Я не могу́. Сейча́с я до́лжен мно́го учи́ться.

2

- Ты всегда́ жила́ в э́том до́ме?
- Да, я живу́ здесь всю свою́ жизнь.
- У вас краси́вый дом!
- Да, мы неда́вно сде́лали ремо́нт.
- У вас мно́го краси́вых цвето́в в саду́.
- Да, мое́й ма́ме нра́вятся цветы́.

3

- Мо́жет, вы́пьем ча́я?
- Да, пойдём на ку́хню.

- Ich bin achtzehn Jahre alt.
- Welcher Nationalität bist du?
- Ich bin in Großbritannien geboren und ich lebe dort. Mein Vater ist Spanier und meine Mutter Engländerin. Und woher bist du?
- Ich bin Italiener. Ich wohne in Neapel. Arbeitest du oder studierst?
- Ich studiere an der Nationalen Universität. Und was bist du von Beruf?
- Ich bin Mechaniker von Beruf. Ich habe einen eigenen Autoservice in Italien.
- Magst du England?
- Ich mag dieses Land, aber es ist kalt hier. Ich reise jetzt viel. Magst du reisen?
- Ich reise gern, aber jetzt habe ich sehr wenig Zeit.
- Könntest du mich mit deiner Familie besuchen?
- Ich kann nicht. Jetzt muss ich viel lernen.

2

- Hast du immer in diesem Haus gewohnt?
- Ja, ich habe mein ganzes Leben lang hier gewohnt.
- Du hast ein schönes Haus!
- Ja, wir hatten kürzlich eine Renovierung.
- Du hast viele schönen Blumen im Garten.
- Ja, meine Mutter mag Blumen.

3

- Vielleicht trinken wir Tee?
- Ja, lass uns in die Küche gehen.
- Hast du schwarzen Tee?

- У вас есть чёрный чай?
- Да, у нас есть чёрный и зелёный чай.
- Каки́е блю́да тебе́ нра́вятся?
- Мне нра́вится, когда́ моя́ ма́ма гото́вит блю́да с лосо́сем. Она́ ещё хорошо́ де́лает пече́нье.
- А мне о́чень нра́вится пи́цца.
- Ты уме́ешь гото́вить пи́ццу?
- Да, уме́ю. Мне нра́вится гото́вить.

4

- У тебя́ есть дома́шние живо́тные?
- Да, у меня́ есть соба́ка / пёс. Его́ зову́т Джо́нни.
- Ско́лько ему́ лет?
- Ему́ шесть лет.
- В Ита́лии у меня́ то́же есть соба́ка.

5

- Ты хорошо́ зна́ешь неме́цкий?
- Да, я учу́ его́ с отцо́м. В ва́шей семье́ все говоря́т по-неме́цки?
- Да, мы все говори́м по-неме́цки.
- Ты зна́ешь ещё како́й-нибудь язы́к?
- Я немно́го говорю́ по-францу́зски.

6

- Э́та кни́га на столе́ твоя́?
- Да, э́та кни́га моя́. Э́то детекти́вы Ага́ты Кри́сти. Тебе́ нра́вится э́та писа́тельница?
- Да. Она́ пи́шет отли́чные детекти́вы.
- Ты лю́бишь чита́ть?
- Да. Я чита́ю мно́го.

7

- У тебя́ больша́я семья́?

- Ja, wir haben schwarzen und grünen Tee.
- Welches Essen magst du am besten?
- Ich mag es, wenn meine Mutter Speisen mit Lachs zubereitet. Sie macht auch gute Kekse.
- Ich esse Pizza wirklich gern.
- Kannst du Pizza machen?
- Ja, ich kann. Ich mag kochen.

4

- Hast du Haustiere?
- Ja, ich habe einen Hund. Er heißt Johnny.
- Wie alt ist er?
- Er ist sechs Jahre alt.
- Ich habe auch einen Hund in Italien.

5

- Kennst du gut Deutsch?
- Ja, ich habe es mit meinem Vater gelernt. Spricht jeder Deutsch in deiner Familie?
- Ja, wir sprechen alle Deutsch.
- Kennst du auch eine andere Sprache?
- Ich kann ein bisschen Französisch sprechen.

6

- Gehört das Buch auf dem Tisch dir?
- Ja, das ist mein Buch. Das sind Detektiverzählungen von Agatha Christie. Magst du diese Autorin?
- Ja. Sie schreibt tolle Detektivromane.
- Liest du gerne?
- Ja. Ich lese sehr viel.

7

- Hast du eine große Familie?

- Да, я имéю большýю семью́. У меня́ есть пáпа, мáма, два брáта и мáленькая сестрá.
- Скóлько лет твоéй сестрé?
- Ей оди́н год.
- Как её зовýт?
- Её зовýт Джо. Онá ещё не умéет ходи́ть.
- Где твоя́ сестрá сейчáс?
- Онá в я́слях.
- Кто твой отéц по профéссии?
- Мой пáпа по профéссии врач. Но сейчáс он не рабóтает.
- Почемý?
- Он в óтпуске.
- Кем рабóтает твоя́ мáма?
- Мáма рабóтает в агéнтстве по недви́жимости. Онá продаёт дóма.
- Как дóлго онá там рабóтает?
- Мáма рабóтает там вóсемь лет.
- Где онá рабóтала до э́того?
- Онá рабóтала на пóчте.
- Твоя́ мáма сейчáс на рабóте?
- Нет, онá в магази́не.
- Скóлько лет твои́м роди́телям?
- Мáме три́дцать вóсемь лет. Пáпе сóрок оди́н год.
- Э́то твои́ брáтья на фотогрáфии?
- Да.
- Как их зовýт?
- Э́то Фили́пп. Емý двенáдцать лет.
- Он ýчится?
- Да, он хóдит в шкóлу.

- Ja, ich habe eine große Familie. Ich habe einen Vater, eine Mutter, zwei Brüder und eine kleine Schwester.
- Wie alt ist deine Schwester?
- Sie ist ein Jahr alt.
- Wie heißt sie?
- Sie heißt Joe. Sie kann noch nicht laufen.
- Wo ist deine Schwester jetzt?
- Sie ist in der Kinderkrippe.
- Was ist dein Vater von Beruf?
- Mein Vater ist Arzt von Beruf. Aber jetzt arbeitet er nicht.
- Warum?
- Er macht jetzt Urlaub.
- Wo arbeitet deine Mutter?
- Meine Mutter arbeitet in einem Immobilienbüro. Sie verkauft Häuser.
- Wie lang arbeitet sie dort?
- Meine Mutter arbeitet dort seit acht Jahren.
- Wo arbeitete sie früher?
- Sie arbeitete in einem Postamt.
- Ist deine Mutter jetzt im Büro?
- Nein, sie ist im Geschäft.
- Wie alt sind deine Eltern?
- Meine Mutter ist achtunddreißig Jahre alt. Mein Vater ist einundvierzig.
- Sind es deine Brüder in diesem Bild?
- Ja.
- Wie heißen sie?
- Das ist Philip. Er ist zwölf Jahre alt.
- Lernt er in der Schule?
- Ja, er besucht die Schule.

- Он у́чится хорошо́?
- Да, он у́чится хорошо́.
- А кто э́то?
- Э́то мой ста́рший брат Джон.
- Ско́лько ему́ лет?
- Ему́ два́дцать лет.
- Он рабо́тает?
- Да, он профессиона́льный футболи́ст.
- Мне нра́вится футбо́л. В како́м клу́бе он игра́ет?
- Он игра́ет в ло́ндонском клу́бе.
- Могу́ ли я с ним познако́миться?
- Да, коне́чно.

8

- У вас есть автомоби́ль?
- Да, у нас есть но́вый автомоби́ль.
- Кака́я ма́рка автомоби́ля у вас?
- У нас «BMW».
- Вы ча́сто е́здите на нём?
- Да, ма́ма ча́сто е́здит на нём на рабо́ту.

- Lernt er fleissig?
- Ja, er lernt fleissig.
- Und wer ist das?
- Das ist mein älterer Bruder John.
- Wie alt ist er?
- Er ist zwanzig Jahre alt.
- Arbeitet er?
- Ja, er ist ein professioneller Fußballspieler.
- Ich mag Fußball. In welchem Klub spielt er?
- Er spielt im Londoner Klub.
- Kann ich ihn kennenlernen?
- Ja, natürlich.

8

- Hast du ein Auto?
- Ja, wir haben ein neues Auto.
- Was für ein Auto habt ihr?
- Wir haben eine BMW.
- Fährt ihr oft Auto?
- Ja, meine Mutter fährt oft mit dem Auto zur Arbeit.

Demonstrativpronomen

Das Demonstrativpronomen wird benutzt, um auf ein Substantiv oder seine Eigenschaften zu zeigen. Die Russischen Demonstrativpronomen sind э́тот (dieser) and тот (jener).

Das Pronomen э́тот (dieser) wird benutzt, um etwas Nahegelegenes zu bezeichnen: Э́тот журна́л на ру́сском языке́. Diese Zeitschrift ist auf Russisch.

Das Pronomen тот (jener) wird benutzt um etwas nicht Nahgelegenes zu bezeichnen: Тот журна́л на англи́йском языке́. Jene Zeitschrift ist auf Englisch.

Тот (jener) kann als zweites Glied bei Entgegenstellung benutzt werden. Vergleiche: Э́тот дом мой, а тот моего́ дру́га. Dieses Haus ist mein, und jenes von meinem Freund. .

Э́тот студе́нт рабо́тает в торго́вой фи́рме, а тот студе́нт рабо́тает администра́тором компью́терной сети́. Dieser Student arbeitet bei einem Handelsunternehmen und jener Student als Administrator eines PC-Netzes.

Maskulinum - э́тот (dieser), тот (jener):

Э́тот дом нахо́дится за магази́ном. Dieses Haus befindet sich hinter dem Geschäft.

Neutrum - э́то (dieses), то (jenes):

Я люблю́ ходи́ть в э́то кафе́. Ich besuche dieses Café gerne.

Femininum - э́та (diese), та (jene):

Э́та карти́на не но́вая. Dieses Bild ist nicht neu.

Plural - э́ти (diese), те (jene):

Прия́тно чита́ть э́ти кни́ги. Es ist angenehm diese Bücher zu lesen.

8

Растопи́ лёд
Brich das Eis

«Что зна́чит «Я сомнева́юсь в э́том»?» - спра́шивает ма́ленький ма́льчик у свое́й ма́мы.
«Э́то зна́чит скоре́е нет чем да. Но в други́х ситуа́циях э́то мо́жет зна́чить да», - объясня́ет ма́ма своему́ сы́ну.
По́зже сын и ма́ма едят суп. Ма́льчик сиди́т и смо́трит в окно́.
«Пожа́луйста, доее́шь свой суп», - говори́т ему́ ма́ма. Сын смо́трит на ма́му. Ма́ма ви́дит, что он напряжённо ду́мает.
«Я сомнева́юсь в э́том», - говори́т он наконе́ц.

„Was bedeutet 'ich bezweifle es'?", fragt ein kleiner Junge seine Mutter.
„Es bedeutet eher nein als ja. Aber es kann in anderen Situationen ja bedeuten", erklärt die Mutter ihrem Sohn.
Später essen der Sohn und die Mutter etwas Suppe. Der Junge sitzt und schaut das Fenster an.
„Iss bitte deine Suppe auf", sagt die Mutter zu ihm. Der Sohn sieht seine Mutter an. Die Mutter sieht, dass er scharf nachdenkt.
„Ich bezweifle es", sagt er schließlich.

Доро́га до университе́та

Der Weg zur Universität

Слова́

1. без - ohne
2. бутербро́д - das belegte Brot, die Schnitte
3. всё - alles
4. встава́ть - aufstehen
5. выходи́ть - (hin)ausgehen
6. далеко́ - weit
7. де́вять - neun
8. де́сять - zehn
9. добавля́ть - (hin)zufügen
10. добира́ться - erreichen
11. е́вро - der Euro
12. зава́ривать - (Tee) kochen
13. за́втракать - frühstücken, Frühstück essen
14. залива́ть - (ein)giessen
15. занима́ть - (Platz) nehmen
16. зате́м - dann
17. иногда́ - manchmal
18. ка́ждый - jeder
19. кинотеа́тр - das Kino
20. класть - legen
21. колбаса́ - die Wurst
22. кото́рый - welcher
23. ко́фе - der Kaffee
24. кусо́чек - ein Stückchen
25. лю́ди - die Leute
26. маршру́тка - der Minibus
27. мёд - der Honig
28. ме́жду - zwischen
29. ме́сто - der Ort, der Platz
30. метро́ - die U-Bahn
31. ми́мо - vorbei, neben
32. мину́та - die Minute

33. мост - die Brücke
34. музе́й - das Museum
35. налива́ть - gießen
36. насы́пать - schütten
37. недалеко́ - nicht weit
38. не́сколько - einige
39. ну́жен - nötig
40. обра́тно - zurück
41. обы́чно - normalerweise
42. о́зеро - der See
43. опла́чивать - bezahlen
44. остано́вка - die Haltestelle
45. открыва́ть - öffnen, aufmachen
46. отре́зать - abschneiden
47. парк - der Park
48. пешко́м - zu Fuß
49. пого́да - der Wetter
50. посреди́не - in der Mitte
51. приме́рно - ungefähr
52. прое́зд - die Fahrt
53. пти́ца - der Vogel
54. расти́ - wachsen
55. ре́зать - schneiden
56. сади́ться - sich setzen
57. са́хар - der Zucker
58. сде́лать - machen, schaffen
59. семь - sieben
60. снача́ла - vom Anfang an
61. собира́ть - sammeln
62. собира́ться - sich versammeln
63. среди́ - unter
64. ста́вить - stellen, legen
65. сто́ить - kosten
66. стоя́ть - stehen
67. су́мка - die Tasche
68. суперма́ркет - der Supermarkt
69. сыр - der Käse
70. тролле́йбус - der Oberleitungsbus, der Obus
71. туале́т - die Toilette
72. туда́ - dort(hin)
73. уже́ - schon
74. у́тро - der Morgen
75. хлеб - das Brot
76. хло́пья - die Cerealien
77. хоро́ший - gut
78. час - die Stunde
79. че́рез - über, in (z.B. eine Stunde)
80. что́бы - so dass
81. я́блоко - der Apfel

B

Я встаю́ в семь утра́. Иду́ в туале́т. Зате́м иду́ в ва́нную. В ва́нной я умыва́юсь и чи́щу зу́бы. Э́то занима́ет у меня́ пять мину́т. Иногда́ у́тром я принима́ю душ.

Ich stehe um sieben Uhr morgens auf. Dann gehe ich ins Badezimmer. Ich wasche mein Gesicht und putze die Zähne. Es dauert fünf Minuten. Manchmal dusche ich mich auch am Morgen.

Пото́м я иду́ на ку́хню. По утра́м я пью ко́фе. Я налива́ю в ча́йник во́ду. Ста́влю ча́йник на плиту́. Я зава́риваю себе́ ко́фе. Я налива́ю ко́фе в ча́шку. Я пью ко́фе без са́хара. Зате́м я беру́ таре́лку. В таре́лку я насыпа́ю хло́пья. Я залива́ю их молоко́м. Я добавля́ю туда́ не́сколько ло́жек са́хара и́ли мёда. Я беру́ я́блоко и ре́жу его́ в таре́лку с хло́пьями. Я та́кже могу́ сде́лать бутербро́д. Я отреза́ю кусо́чек хле́ба, кладу́ на хлеб немно́го колбасы́ и сы́ра. Э́то занима́ет у меня́ два́дцать мину́т.
Мне ну́жно собира́ться в университе́т. Я иду́ в свою́ ко́мнату. Собира́ю кни́ги и тетра́ди в су́мку. Су́мка нахо́дится о́коло сту́ла. Я выхожу́ на у́лицу.
На у́лице хоро́шая пого́да. Я иду́ по у́лице. Что́бы добра́ться до университе́та, мне ну́жен тролле́йбус но́мер семь и́ли де́вять. Я та́кже могу́ добра́ться туда́ на маршру́тке но́мер семь и́ли де́сять. До остано́вки идти́ недалеко́. Э́то занима́ет у меня́ приме́рно пять мину́т. Я стою́ на остано́вке. На остано́вке мно́го люде́й. Подъезжа́ет маршру́тка но́мер семь. Я захожу́ в маршру́тку. Зате́м я опла́чиваю прое́зд. Прое́зд сто́ит три е́вро. В маршру́тке есть свобо́дное ме́сто. Я сажу́сь. Че́рез пять остано́вок я выхожу́ из маршру́тки. Я подхожу́ к

Dann gehe ich in die Küche. Ich trinke Kaffee am Morgen. Ich gieße Wasser in den Kessel und stelle ihn auf den Herd. Ich koche etwas Kaffee. Ich gieße den Kaffee in eine Tasse ein. Ich trinke Kaffee ohne Zucker. Dann nehme ich eine Schüssel. Ich schütte Cerealien in die Schüssel. Ich gebe etwas Milch hinzu. Ich füge noch einige Löffel Zucker oder Honig hinzu. Ich nehme einen Apfel und schneide ihn in die Schüssel mit Cerealien. Ich kann auch ein belegtes Brot machen. Ich Schneide ein Stück Brot und lege etwas Wurst und Käse darauf. Es dauert zwanzig Minuten.
Ich muss zur Universität gehen. Ich gehe in mein Zimmer. Ich sammle Bücher und Hefte in einer Tasche. Ich gehe nach draußen.
Das Wetter draußen ist gut. Ich gehe der Straße entlang. Um die Universität zu erreichen, muss ich O-Bus Nummer Sieben oder Neun nehmen. Ich kann dort auch mit Minibus Nummer Sieben oder Zehn fahren. Es ist nicht weit zur Haltestelle. Es dauert ungefähr fünf Minuten. Ich stehe an der Haltestelle. Es gibt viele Leute an der Haltestelle. Minibus Nummer Sieben kommt. Ich steige ein. Dann bezahle ich. Die Fahrt kostet drei Euro. Es gibt einen leeren Platz im Minibus. Ich setze mich. Ich steige nach fünf Haltestellen aus. Ich komme zur Universität. Es dauert ungefähr zwanzig Minuten.

университе́ту. Э́то занима́ет у меня́ приме́рно два́дцать мину́т.
Я выхожу́ из университе́та в три часа. Обра́тно я иду́ пешко́м. Я прохожу́ ми́мо магази́нов. Я иду́ ме́жду музе́ем и кинотеа́тром. Зате́м я прохожу́ по мосту́. Мост нахо́дится над о́зером. Я иду́ че́рез парк. В па́рке я иду́ среди́ дере́вьев. На де́реве сиди́т больша́я пти́ца. Я прохожу́ ми́мо маши́ны. Под маши́ной сиди́т кот. Я прохожу́ ми́мо суперма́ркета. Мой дом уже́ недалеко́. Он нахо́дится за суперма́ркетом. Я подхожу́ к своему́ до́му. О́коло моего́ до́ма мно́го цвето́в. Я иду́ к две́ри. Я открыва́ю дверь и захожу́ в дом.

Ich verlasse die Universität um drei Uhr. Ich gehe zurück zu Fuß. Ich gehe an einigen Läden vorbei. Ich gehe zwischen einem Museum und einem Theater. Dann gehe ich über eine Brücke. Die Brücke liegt oberhalb eines Sees. Ich gehe durch einen Park. Ich gehe zwischen den Bäumen im Park. Ein großer Vogel sitzt auf einem Baum. Ich gehe an einem Auto vorbei. Eine Katze sitzt unter dem Auto. Ich gehe an einem Supermarkt vorbei. Mein Haus liegt nicht weit. Es liegt hinter dem Supermarkt. Ich gehe zu meinem Haus. Neben meinem Haus gibt es viele Blumen. Ich gehe zur Tür. Ich mach die Tür auf und gehe hinein.

C

Вопро́сы и отве́ты

- В кото́ром часу́ ты встаёшь?
- Я встаю в семь утра́.
- Ты чи́стишь зу́бы по утра́м?
- Да, я чи́щу зу́бы ка́ждое у́тро.
- Ты принима́ешь душ по утра́м?
- Я иногда́ принима́ю душ у́тром.
- Ты пьёшь чай и́ли ко́фе по утра́м?
- Я обы́чно пью ко́фе.
- Ты пьёшь ко́фе с са́харом?
- Нет, я пью ко́фе без са́хара.
- Ско́лько вре́мени ты за́втракаешь?
- Э́то занима́ет у меня́ два́дцать мину́т.

Fragen und Antworten

- Wann stehst du auf?
- Ich stehe um sieben Uhr auf.
- Putzest du deine Zähne am Morgen?
- Ja, ich putze meine Zähne jeden Morgen.
- Duschst du dich am Morgen?
- Manchmal dusche ich mich am Morgen.
- Trinkst du Tee oder Kaffee am Morgen?
- In der Regel trinke ich Kaffee.
- Trinkst du Kaffee mit Zucker?
- Nein, ich trinke Kaffee ohne Zucker.
- Wie lange isst du das Frühstück?
- Es dauert zwanzig Minuten.
- Fährst du zur Universität mit der U-Bahn?

- Ты е́здишь в университе́т на метро́?
- Нет, я обы́чно добира́юсь туда́ на маршру́тке.
- До остано́вки идти́ далеко́?
- Нет, остано́вка недалеко́.
- Ско́лько сто́ит прое́зд в маршру́тке?
- Прое́зд сто́ит три е́вро.
- Ско́лько остано́вок ты е́дешь?
- Я е́ду пять остано́вок.
- Э́то занима́ет у тебя́ мно́го вре́мени?
- Я е́ду туда́ приме́рно два́дцать мину́т.
- Обра́тно ты то́же е́дешь на маршру́тке?
- Нет, обра́тно я иду́ пешко́м.
- Ты всё вре́мя идёшь по у́лице?
- Снача́ла я прохожу́ по у́лице ми́мо магази́нов, зате́м иду́ че́рез парк.
- Где нахо́дится твой дом?
- Он нахо́дится за суперма́ркетом.
- О́коло твоего́ до́ма расту́т цветы́?
- О́коло моего́ до́ма мно́го цвето́в.

- Nein, in der Regel fahre ich mit dem Bus.
- Hast du einen langen Weg zur Haltestelle?
- Nein, die Haltestelle ist nicht weit.
- Wieviel kostet eine Fahrt?
- Die Fahrt kostet drei Euro.
- Wie viele Haltestellen gibt es an deinem Weg?
- Ich steige an der fünften Haltestelle aus.
- Dauert die Fahrt es lange?
- Ich bin an der Universität nach ungefähr zwanzig Minuten.
- Kommst du auch mit dem Bus zurück?
- Nein, zurück gehe ich zu Fuß.
- Gehst du immer den Straßen entlang?
- Zuerst gehe ich der Straße entlang neben den Haltestellen und dann gehe ich durch den Park.
- Wo ist dein Haus?
- Es steht hinter dem Supermarkt.
- Gibt es Blumen neben deinem Haus?
- Ja, es gibt viele Blumen neben meinem Haus.

D

Possessivpronomen

Mask. / Fem. / Neut. / Plur.
wessen? / чей? / чья? / чьё? / чьи?
mein, meine, mein, meine/ мой / моя́ / моё / мои́
unser, unsere, unser, unsere/ наш / на́ша / на́ше / на́ши
dein, deine, dein, deine / твой / твоя́ / твоё / твои́
ihr, ihre, ihr, ihre, euer, eure, euer, eure (Plur / ваш / ва́ша / ва́ше / ва́ши
sein, seine, sein, seine/ его́ / его́ / его́ / его́
ihr, ihre, ihr, ihre/ её / её / её / её
ihr, ihre, ihr, ihre/ их / их / их / их

9

Растопи́ лёд
Brich das Eis

Па́па и ма́ленький сын прихо́дят домо́й с прогу́лки. Ма́ма вхо́дит в ко́мнату и ви́дит, что сын стои́т и смо́трит телеви́зор с по́днятыми рука́ми.
«Почему́ у тебя́ ру́ки по́дняты?» - спра́шивает она́ его́.
«Э́то и́з-за па́пы», - отвеча́ет он.
В ко́мнату вхо́дит па́па.
«Я снял с него́ сви́тер, - объясня́ет он, - ми́лый, опусти́ ру́ки и сядь на дива́н, пожа́луйста».

Ein Vater und sein kleiner Sohn kommen von einem Spaziergang nach Hause. Die Mutter kommt in das Zimmer und sieht, dass der Sohn dort steht, fernsehend, mit seinen Händen oben.
„Warum sind deine Hände oben?", fragt sie ihn.
„Es ist wegen Papa", antwortet er.
Der Vater kommt ins Zimmer.
„Ich habe ihm den Pullover ausgezogen", erklärt er, „Schatz, nimm deine Hände runter und setz dich aufs Sofa, bitte."

Мне нра́вится ходи́ть в кино́

Ich gehe gerne ins Kino

A

Слова́

1. авто́бус - der Bus
2. авто́бусный - Bus-
3. автомоби́льный - Auto-
4. бе́рег - das Ufer
5. биле́т - die Fahrkarte
6. бы́стро - schnell
7. вку́сный - lecker
8. вме́сте - zusammen, gemeinsam
9. встреча́ть - treffen
10. га́мбургер - der Hamburger
11. греть - aufwärmen
12. гуля́ть - spazieren gehen
13. да́льше - weiter
14. доро́га - der Weg
15. доста́ть - bekommen, nach etwas greifen
16. зака́зывать - bestellen
17. игра́ - das Spiel
18. кастрю́ля - die Kasserolle, der (Koch)topf
19. кипе́ть - (über)kochen, sieden
20. коме́дия - die Komödie
21. микроволно́вка - die Mikrowelle
22. мо́лча - schweigend
23. моро́женое - das Eis
24. навстре́чу - entgegen
25. нагрева́ться - sich erwärmen
26. начина́ть - anfangen, beginnen
27. обе́д - das Mittagsessen

28. обе́дать - zu Mittag essen
29. обсужда́ть - besprechen
30. одева́ться - sich ankleiden
31. официа́нт - der Kellner
32. пиро́жное - das Dessert, der Nachtisch
33. пла́кать - weinen
34. плати́ть - (be)zahlen
35. подру́га - die Freundin
36. покупа́ть - kaufen
37. пото́м - dann
38. проща́ться - sich verabschieden
39. путь - der Weg
40. пятна́дцать - fünfzehn
41. пя́тница - der Freitag
42. разгова́ривать - reden, sich unterhalten
43. река́ - der Fluss
44. Са́ра - Sarah
45. сла́дкий - süß
46. смешно́й - lustig
47. смея́ться - lachen
48. стра́шный - schrecklich, fürchterlich
49. суп - die Suppe
50. сы́пать - schütten
51. темно́ - dunkel
52. трина́дцать - dreizehn
53. фильм - der Film
54. что́-нибудь - etwas

B

Домо́й я обы́чно прихожу́ в три часа́. Я иду́ в свою ко́мнату. Я кладу́ свою су́мку на стол.
Я иду́ в туале́т. Зате́м я иду́ в ва́нную. Я мою ру́ки, умыва́юсь. Иногда́ я могу́ приня́ть душ. Зате́м я иду́ обе́дать. На обе́д я обы́чно ем суп. Я достаю кастрю́лю с су́пом из холоди́льника. Я ста́влю кастрю́лю на плиту́. Когда́ суп нагрева́ется, я налива́ю его́ себе́ в таре́лку. Я беру́ ло́жку и ем суп. С су́пом я та́кже ем хлеб. Я подхожу́ к ку́хонному шка́фу. Зате́м я беру́ нож из ку́хонного шка́фа. Я отреза́ю не́сколько кусо́чков хле́ба. Иногда́ я

In der Regel komme ich nach Hause um drei Uhr. Ich gehe in mein Zimmer. Ich stelle meine Tasche auf den Tisch.
Ich gehe in die Toilette. Dann gehe ich ins Badezimmer. Ich wasche meine Hände und mein Gesicht. Manchmal nehme ich auch eine Dusche. Dann esse ich zu Mittag. In der Regel esse ich zu Mittag eine Suppe. Ich nehme einen Topf Suppe aus dem Kühlschrank. Ich stelle den Topf auf den Herd. Wenn die Suppe schon heiß ist, gieße ich sie in eine Schüssel für mich. Ich nehme einen Löffel und esse die Suppe. Ich esse auch Brot mit der Suppe. Ich gehe zum Küchenschrank. Ich nehme eine Messer aus

ем пи́ццу. Моя́ ма́ма хорошо́ гото́вит пи́ццу. Я отреза́ю себе́ кусо́чек пи́ццы. Зате́м я гре́ю его́ в микроволно́вке. По́сле обе́да я могу́ съесть что́нибудь сла́дкое. Я ем пиро́жное. Пиро́жное вку́сное. Я та́кже пью чай с пиро́жным. Я ста́влю ча́йник на плиту́. Ча́йник кипи́т. Я зава́риваю себе́ чёрный чай. Я налива́ю чай в ча́шку и насыпа́ю две ча́йные ло́жки са́хара. Мой кот пришёл то́же обе́дать. Я налива́ю ему́ немно́го молока́. По́сле обе́да я иду́ игра́ть на компью́тере. Компью́тер нахо́дится в мое́й ко́мнате. У меня́ есть мно́го компью́терных игр. Я игра́ю на компью́тере час.
Мне нра́вится ходи́ть в кино́. Я хожу́ со свои́ми друзья́ми в кино́ ка́ждую пя́тницу. Сего́дня мы то́же пойдём. Кино́ начина́ется че́рез два часа́. Я иду́ в ва́нную приня́ть душ. Зате́м я иду́ в свою́ ко́мнату. Я одева́юсь и иду́ в кино́. Я выхожу́ из до́ма. Во́зле на́шего дома́ стои́т кра́сная маши́на. Э́то маши́на мое́й ма́мы. Я иду́ по у́лице. Я прохожу́ ми́мо суперма́ркета. Я подхожу́ к остано́вке. Я жду на остано́вке. Что́бы добра́ться до кинотеа́тра, мне ну́жен авто́бус но́мер трина́дцать. Я жду авто́буса пять мину́т. Подъезжа́ет авто́бус но́мер трина́дцать. Я захожу́ в авто́бус. Я

dem Küchenschrank. Ich schneide einige Scheiben Brot. Manchmal esse ich Pizza. Meine Mutter macht eine gute Pizza. Ich schneide ein Stück Pizza ab. Dann wärme ich es in der Mikrowelle auf. Nach dem Mittagsessen esse ich noch etwas Süßes. Ich esse einen Kuchen. Das Kuchen ist lecker. Ich trinke auch Tee zum Kuchen. Ich stelle den Kessel auf dem Herd. Das Wasser kocht. Ich koche schwarzen Tee für mich. Ich schütte etwas Tee und zwei Löffel Zucker in die Tasse. Meine Katze kommt auch zum Mittagsessen. Ich gebe ihr etwas Milch. Nach dem Mittagsessen gehe ich mit dem Computer spielen. Der Computer ist in meinem Zimmer. Ich habe viele Computerspiele. Ich spiele ungefähr eine Stunde lang.
Ich gehe gerne ins Kino. Ich gehe mit meinen Freunden ins Kino jeden Freitag. Heute gehen wir auch. Der Film fängt in zwei Stunden an. Ich gehe ins Badezimmer, um eine Dusche zu nehmen. Dann gehe ich in mein Zimmer. Ich kleide mich an und gehe ins Kino. Ich verlasse das Haus. Es gibt ein rotes Auto neben dem Haus. Das ist das Auto meiner Mutter. Ich gehe der Straße entlang. Ich gehe an dem Supermarkt vorbei. Ich komme zur Haltestelle. Ich warte an der Haltestelle. Um ins Kino zu fahren, brauche ich Bus Nummer Dreizehn. Ich warte auf den Bus fünf Minuten lang. Bus Nummer Dreizehn kommt. Ich steige ein. Ich zahle für

опла́чиваю прое́зд. В авто́бусе мно́го свобо́дных мест. Я сажу́сь во́зле окна́. Че́рез три остано́вки я выхожу́ из авто́буса. Э́то занима́ет у меня́ приме́рно пятна́дцать мину́т. Я иду́ че́рез парк. До кинотеа́тра идти́ де́сять мину́т. По пути́ я встреча́ю своего́ дру́га То́ма и подру́гу Са́ру.
Мы захо́дим в кинотеа́тр. Я покупа́ю биле́ты на о́чень смешну́ю коме́дию. Мы захо́дим в зал и сади́мся на места́. В за́ле мно́го люде́й. Мы смеёмся всё вре́мя. По́сле кино́ мы с То́мом и Са́рой идём в кафе́. Мы перехо́дим че́рез автомоби́льную доро́гу. Навстре́чу нам идёт мужчи́на с соба́кой. Соба́ка больша́я и стра́шная. Мы прохо́дим бы́стро. Зате́м мы прохо́дим ми́мо музе́я. Да́льше мы прохо́дим по мосту́. Мост нахо́дится над реко́й. Мы ви́дим кафе́ на берегу́ реки́. В кафе́ бы́ло немно́го люде́й. К нам подхо́дит официа́нт. Са́ра зака́зывает моро́женое. Я и Том зака́зываем по га́мбургеру. Мы обсужда́ем фильм и смеёмся. На у́лице уже́ темно́. Мы выхо́дим из кафе́. Мы собира́емся идти́ домо́й. Мы проща́емся. Са́ра и Том живу́т недалеко́. Они́ иду́т домо́й пешко́м. Я иду́ на авто́бусную остано́вку.

die Fahrkarte. Es gibt viele leere Plätze im Bus. Ich setze mich an das Fenster. Nach drei Haltestellen steige ich aus. Die Fahrt dauert ungefähr fünf Minuten. Ich gehe durch den Park. Es dauert zehn Minuten, das Kino zu erreichen. Auf dem Weg treffe ich meine Freunde, Tom und Sarah.
Wir gehen ins Kino hinein. Ich kaufe Karten für eine sehr lustige Komödie. Wir gehen in den Saal und setzen uns auf unsere Plätze. Im Saal gibt es viele Leute. Wir lachen die ganze Zeit. Nach dem Film gehe ich mit Tom und Sarah in ein Café. Wir überqueren die Straße. Ein Mann mit einem Hund geht in unsere Richtung. Der Hund ist groß und fürchterlich. Wir gehen schnell weiter. Dann gehen wir an einem Museum vorbei. Dann gehen wir über die Brücke. Die Brücke befindet sich über dem Fluss. Wir sehen das Café neben dem Fluss. Es gibt nicht viele Leute im Café. Ein Kellner kommt zu uns. Sarah bestellt Eis. Tom und ich bestellen beide je einen Hamburger. Wir reden über den Film und lachen. Draußen ist es schon dunkel. Wir verlassen das Café. Wir müssen nach Hause gehen. Wir verabschieden uns. Sarah und Tom wohnen in der Nähe. Die gehen zu Fuß nach Hause. Ich gehe zur Bushaltestelle.

C

Вопро́сы и отве́ты	Fragen und Antworten
- В кото́ром часу́ ты прихо́дишь из университе́та?	- Wann kommst du von der Universität zurück?
- Я прихожу́ в три часа́.	- Ich komme um drei Uhr nach Hause.
- Ты принима́ешь душ, когда́ прихо́дишь?	- Nimmst du eine Dusche, als du nach Hause kommst?
- Я принима́ю душ иногда́.	- Manchmal nehme ich eine Dusche.
- Что ты де́лаешь пото́м?	- Was machst du später?
- Пото́м я иду́ обе́дать.	- Ich esse zu Mittag.
- Что ты ешь в обе́д?	- Was isst du zu Mittag?
- Я обы́чно ем суп и́ли пи́ццу.	- In der Regel esse ich Suppe oder Pizza.
- Ты гото́вишь еду́ сам?	- Kochst du das Essen selbst?
- Нет, мне гото́вит ма́ма.	- Nein, meine Mutter kocht es für mich.
- По́сле обе́да ты пьёшь чай?	- Trinkst du Tee nach dem Mittagsessen?
- Да, я пью чай с пиро́жным.	- Ja, ich trinke Tee zum Kuchen.
- Како́й чай ты пьёшь?	- Welchen Art Tee trinkst du?
- Я зава́риваю себе́ чёрный чай.	- Ich mache schwarzen Tee für mich.
- Ско́лько са́хара ты насыпа́ешь в чай?	- Wieviel Zucker gibst du zum Tee?
- Я насыпа́ю две ло́жки са́хара.	- Ich gebe zwei Löffel Zucker.
- Что ты де́лаешь пото́м?	- Was machst du später?
- Пото́м я игра́ю на компью́тере.	- Ich spiele mit dem Computer.
- Тебе́ нра́вится ходи́ть в кино́?	- Gehst du gerne ins Kino?
- Да, я люблю́ ходи́ть в кино́.	- Ja, ich gehe sehr gerne ins Kino.
- Ты хо́дишь в кино́ оди́н?	- Gehst zu allein ins Kino?
- Нет, я хожу́ со свои́ми друзья́ми.	- Nein, ich gehe mit meinen Freunden.
- Ты ча́сто хо́дишь в кино́?	- Gehst du oft ins Kino?
- Я хожу́ в кино́ ка́ждую пя́тницу.	- Ich gehe ins Kino jeden Freitag.
- На како́м авто́бусе ты е́дешь до кинотеа́тра?	- Mit welchem Bus fährst du ins Kino?
- До кинотеа́тра я еду́ на авто́бусе но́мер трина́дцать.	- Ich fahre mit dem Bus Nummer Dreizehn.

- Че́рез ско́лько остано́вок ты выхо́дишь?
- Я выхожу́ из авто́буса че́рез три остано́вки.
- Ско́лько вре́мени ты е́дешь в авто́бусе?
- Э́то занима́ет у меня́ приме́рно пятна́дцать мину́т.
- Ско́лько вре́мени ты идёшь че́рез парк до кинотеа́тра?
- Я иду́ че́рез парк до кинотеа́тра де́сять мину́т.
- Кого́ ты встреча́ешь по пути́?
- По пути́ я встреча́ю своего́ дру́га То́ма и подру́гу Са́ру.
- Кто покупа́ет биле́ты?
- Я покупа́ю биле́ты.
- Ты покупа́ешь биле́ты на коме́дию и́ли детекти́в?
- Я покупа́ю биле́ты на о́чень смешну́ю коме́дию.
- В за́ле мно́го люде́й и́ли ма́ло?
- В за́ле мно́го люде́й.
- В кино́ вы смеётесь и́ли пла́чете?
- Мы смеёмся всё вре́мя.
- По́сле кино́ ты идёшь домо́й?
- Иногда́ я гуля́ю и́ли захожу́ в кафе́.
- С кем ты идёшь в кафе́ по́сле кино́?
- По́сле кино́ То́м, Са́ра и я идём в кафе́.
- Кто идёт вам навстре́чу?
- Навстре́чу нам идёт мужчи́на с соба́кой.
- Где нахо́дится кафе́?

- Nach wie vielen Haltestellen steigst du aus?
- Ich steige nach drei Haltestellen aus.
- Wie lang fährst du mit dem Bus?
- Es dauert ungefähr fünfzehn Minuten.
- Wie lange gehst du durch den Park zum Kino?
- Ich gehe durch den Park ungefähr zehn Minuten lang.
- Wen triffst du auf dem Weg?
- Ich treffe meine Freunde, Tom und Sarah.
- Wer kauft die Karten?
- Ich kaufe die Karten.
- Kaufst du Karten für eine Komödie oder für einen Kriminalfilm?
- Ich kaufe Karten für eine sehr lustige Komödie.
- Gibt es viele Leute im Saal?
- Es gibt viele Leute im Saal.
- Lacht ihr oder weint während des Filmes?
- Wir lachen die ganze Zeit.
- Gehst du nach Hause nach dem Film?
- Manchmal spaziere ich oder gehe in ein Café.
- Mit wem gehst du nach dem Film ins Café?
- Nach dem Film gehe ich mit Tom und Sarah ins Café.
- Wer geht in eure Richtung?
- Ein Mann mit einem Hund kommt in unsere Richtung.
- Wo ist das Café?
- Das Café liegt auf dem Ufer des Flusses.

- Кафе́ нахо́дится на берегу́ реки́.
- Что вы зака́зываете?
- Са́ра зака́зывает моро́женое. Я и Том зака́зываем по га́мбургеру.
- Вы еди́те мо́лча и́ли разгова́риваете?
- Мы обсужда́ем фильм и смеёмся.
- По́сле кафе́ вы идёте домо́й вме́сте?
- Са́ра и Том иду́т домо́й пешко́м. Я иду́ на авто́бусную остано́вку.

- Was bestellt ihr?
- Sarah bestellt Eis und Tom und ich bestellen je einen Hamburger.
- Esst ihr in Stille oder redet ihr?
- Wir reden über den Film und lachen.
- Geht ihr danach gemeinsam nach Hause?
- Sarah und Tom gehen zu Fuß nach Hause. Ich gehe zur Haltestelle.

Reflexive Verben

Diese Verben zeigen die Handlung, die in einem Satz auf das Subjekt selbst gerichtet wird. Die Standardform dieser Verben hat die Endung -ся:
умыва́ться - sich waschen, бри́ться - sich rasieren, улыба́ться - lächeln, боя́ться - Angst haben.

Aussprache

улыба́ться - [улыба́ца] (lächeln)
боя́ться - [бая́ца] (Angst haben)
серди́ться - [серди́ца] (sich ärgern)
гре́ться - [гре́ца] (sich wärmen)
боро́ться - [баро́ца] (kämpfen)

10

Растопи́ лёд
Brich das Eis

Звони́т телефо́н. Ма́ма отвеча́ет на звоно́к. Её сын звони́т.
«Ма́ма! Посмотри́ в окно́!», - говори́т её сын. «Ви́дишь кто-то в гря́зных штана́х бежи́т по лу́жам? Э́то я! Я уже́ два ра́за упа́л!»

Das Telefon klingelt. Die Mutter geht ans Telefon. Ihr Sohn ruft an.
„Mama! Schau aus dem Fenster!", sagt ihr Sohn, „Kannst du jemanden in schmutzigen Hosen auf Pfützen rennen sehen? Das bin ich! Ich bin schon zweimal gefallen!"

Джек хо́чет быть юри́стом

Jack will Rechtsanwalt werden

Слова́

1. алкого́льный - Alkohol-
2. аэропо́рт - der Flughafen
3. бага́ж - das Gepäck
4. ба́нковский - Bank-
5. бар - die Bar, die Gaststätte
6. ваго́н - der Wagen
7. вести́ - führen, leiten
8. вещь - das Ding
9. вку́сно - lecker
10. води́тель - der Fahrer
11. вокру́г - (rund) um
12. восемьсо́т - achthundert
13. вы́глядеть - aussehen
14. выезжа́ть - ausfahren
15. вызыва́ть - rufen
16. вы́ход - der Ausgang
17. горе́ть - brennen
18. гости́ная - das Wohnzimmer
19. дава́ть - geben
20. да́нные - die Angaben
21. дать - geben
22. де́ньги - das Geld
23. забира́ть - (weg)nehmen
24. заноси́ть - hinbringen
25. заче́м - warum
26. ка́рта - die (Land)karte
27. касси́р - der Kassierer
28. кварти́ра - die Wohnung
29. ключ - der Schlüssel
30. когда́-нибудь - irgendwann
31. куда́ - wohin
32. купи́ть - kaufen
33. лете́ть - fliegen
34. нали́чные - das Bargeld
35. напи́ток - das Getränk
36. небольшо́й - nicht groß

37. недорого́й - nicht teuer, preisgünstig
38. необходи́мый - nötig, notwendig
39. никогда́ - nie(mals)
40. одноме́стный - Einpersonen-
41. оте́ль - das Hotel
42. отка́зываться - absagen
43. па́мятник - das Denkmal
44. па́спорт - der Pass
45. пло́щадь - der Platz
46. показа́ть - zeigen
47. полице́йский - der Polizist
48. полови́на - die Hälfte
49. получа́ть - bekommen
50. при́город - der Vorort, die Vorstadt
51. про́бка - der Stau
52. продолжа́ть - weitermachen
53. продукто́вый - das Lebensmittelgeschäft
54. проси́ть - fragen
55. просыпа́ться - aufstehen
56. рабо́тник - der Arbeiter
57. рассказа́ть - sagen
58. рейс - der Flug
59. рестора́н - das Restaurant
60. самолёт - das Flugzeug
61. светофо́р - die Ampel
62. ско́ро - bald
63. соглаша́ться - zustimmen
64. спа́льный - Schlaf-
65. спра́вочный - Auskunfts-
66. спра́шивать - fragen
67. ста́нция - die Station, der Bahnhof
68. такси́ - das Taxi
69. тра́нспорт - der Transport, der Verkehr
70. тра́сса - die Autobahn
71. уча́сток - die Parzelle
72. фонта́н - der Springbrunnen, die Fontäne
73. фотографи́роваться - fotografieren
74. центр - das Zentrum
75. юри́ст - der (Rechts)anwalt

B

Сего́дня приезжа́ет мой друг Джек. Он до́лжен прилете́ть на самолёте. Он бу́дет в аэропорту́ в де́вять утра́. Я до́лжен встре́тить его́ там. Я просыпа́юсь, одева́юсь. Зате́м я иду́ на ку́хню за́втракать. Я вызыва́ю такси́. Такси́ приезжа́ет че́рез пятна́дцать мину́т. Я сажу́сь в маши́ну. Я е́ду в аэропо́рт на такси́. Аэропо́рт нахо́дится

Heute kommt mein Freund Jack. Er soll mit dem Flugzeug kommen. Er soll um neun Uhr morgens auf dem Flughafen sein. Ich muss ihn dort treffen. Ich stehe auf, kleide mich an. Dann gehe ich in die Küche, um das Frühstück zu essen. Ich rufe ein Taxi. Das Taxi kommt in fünfzehn Minuten. Ich steige ein. Ich fahre zum Flughafen mit dem Taxi. Der Flughafen befindet sich im

в при́городе. Я е́ду по го́роду. В го́роде про́бки. Доро́га занима́ет мно́го вре́мени. Зате́м я выезжа́ю из го́рода. Такси́ выезжа́ет на тра́ссу. Я е́ду до аэропо́рта час. Я подъезжа́ю к аэропорту́. Зате́м я опла́чиваю прое́зд води́телю такси́. Сейча́с полови́на девя́того. Джек прилета́ет на ре́йсе восемьсо́т пятна́дцать. Я спра́шиваю в спра́вочной, где бу́дет вы́ход ре́йса восемьсо́т пятна́дцать. Я жду самолёт Дже́ка. Самолёт сади́тся. Я ви́жу Дже́ка. Мы забира́ем его́ бага́ж. Мы сади́мся в такси́ о́коло аэропо́рта. Да́льше мы е́дем в оте́ль. Джек бу́дет жить в оте́ле. Джек не име́ет мно́го де́нег. Я зна́ю хоро́ший и недорого́й оте́ль. Он нахо́дится о́коло моего́ до́ма. Мы подъезжа́ем к оте́лю. Джек захо́дит в оте́ль. Он подхо́дит к рабо́тнику оте́ля. Джек хо́чет одноме́стный но́мер. Рабо́тник оте́ля про́сит Дже́ка дать свой па́спорт. Джек даёт свой па́спорт. Касси́р зано́сит его́ да́нные в компью́тер. Джек опла́чивает оте́ль ба́нковской ка́ртой. Рабо́тник оте́ля ведёт Дже́ка в его́ но́мер и отдаёт ему́ ключи́. Его́ ко́мната небольша́я, но ую́тная. В его́ но́мере есть ку́хня, ва́нная, гости́ная и спа́льная ко́мната. Джек прие́хал в го́род, что́бы учи́ться в университе́те. Он хо́чет быть юри́стом. Джек про́сит меня́ показа́ть ему́ го́род.

Vorort. Ich fahre durch die Stadt. In der Stadt gibt es Stau. Es dauert lang, durch die Stadt zu fahren. Dann verlasse ich die Stadt. Das Taxi fährt auf der Autobahn. Es dauert eine Stunde, den Flughafen zu erreichen. Ich fahre bis zum Flughafen. Dann bezahle ich dem Taxifahrer die Fahrt. Es ist acht Uhr dreißig. Jack kommt mit dem Flug Nummer Achthundertfünfzehn. Ich frage im Auskunftspunkt, wo der Ausgang für den Flug Achthundertfünfzehn ist. Ich warte auf Jacks Flugzeug. Das Flugzeug landet. Ich sehe Jack. Wir sammeln sein Gepäck ein. Neben dem Flughafen nehmen wir ein Taxi. Dann fahren wir ins Hotel. Jack wird im Hotel wohnen. Jack hat nicht so viel Geld. Ich kenne ein gutes und billiges Hotel. Es liegt in der Nähe meines Hauses. Wir fahren bis zum Hotel. Jack geht in die Richtung des Hotels. Er geht zur Rezeption. Jack will ein Einzelzimmer. Ein Hotelangestellte bittet Jack um seinen Pass. Der Hotelangestellte gibt seine Angaben in einen Computer ein. Jack zählt für sein Zimmer mit der Kreditkarte. Ein Hotelangestellter führt Jack zu seinem Zimmer und gibt ihm die Schlüssel. Sein Zimmer ist klein, aber gemütlich. Es gibt dort eine Küche, ein Bad, ein Wohnzimmer und ein Schlafzimmer. Jack kam in die Stadt, um an der Universität zu studieren. Er will Rechtsanwalt werden. Jack bittet mich, ihm

Я соглаша́юсь. Мы выхо́дим на у́лицу. На у́лице хоро́шая пого́да. Мы идём на ста́нцию метро́. Джек никогда́ не е́здил в метро́. Прое́зд в метро́ сто́ит два е́вро. Зате́м мы сади́мся в ваго́н. Мы е́дем в центр го́рода. Доро́га туда́ занима́ет у нас два́дцать пять мину́т. В це́нтре го́рода больша́я пло́щадь и па́мятник. Па́мятник большо́й и краси́вый. Вокру́г па́мятника мно́го люде́й. Они́ фотографи́руются. Та́кже там есть большо́й фонта́н. О́коло фонта́на сиди́т мно́го люде́й. Мы идём да́льше. Я пока́зываю Дже́ку магази́ны. В них мо́жно купи́ть всё, что ну́жно. Здесь есть продукто́вые магази́ны, магази́ны с оде́ждой и други́е магази́ны. Зате́м я веду́ Дже́ка к его́ университе́ту. Мы прохо́дим ми́мо полице́йского уча́стка. Нам ну́жно перейти́ доро́гу. На светофо́ре гори́т кра́сный свет. Мы ждём. Загора́ется зелёный свет. Мы перехо́дим доро́гу. По пути́ я пока́зываю Дже́ку кафе́ и рестора́ны, где мо́жно вку́сно пое́сть. Мы прохо́дим ми́мо ба́ра. В ба́ре мно́го алкого́льных напи́тков.

die Stadt zu zeigen. Ich stimme zu. Wir gehen auf die Straße. Das Wetter draußen ist gut. Wir gehen zur U-Bahn-Station. Jack ist noch nie mit der U-Bahn gefahren. Die Fahrkarte kostet zwei Euro. Wir steigen in den U-Bahn-Wagen ein. Wir fahren ins Zentrum. Die Fahrt dauert fünfundzwanzig Minuten. Im Stadtzentrum gibt es einen großen Platz und ein Denkmal. Das Denkmal ist groß und schön. Es gibt viele Leute rund um das Denkmal. Sie machen Fotos. Es gibt auch einen großen Springbrunnen. Viele Leute sitzen neben dem Springbrunnen. Wir gehen weiter. Ich zeige Jack Geschäfte. Dort kann man alles kaufen, was man braucht. Es gibt Lebensmittelgeschäfte, Kleidergeschäfte und andere Geschäfte. Dann führe ich Jack zur Universität. Wir gehen an dem Polizeirevier vorbei. Wir müssen über die Straße gehen Die Ampel ist rot. Wir warten. Die Ampel wird grün. Wir gehen über die Straße. Auf dem Weg zeige ich Jack Cafés und Restaurants, in denen man gut essen kann. Wir gehen neben einer Bar. Es gibt viele Alkoholgetränke in der Bar.

Вопро́сы и отве́ты

- Кто сего́дня приезжа́ет?
- Сего́дня приезжа́ет мой друг Джек.

Fragen und Antworten

- Wer kommt heute?
- Mein Freund Jack kommt heute.

- На како́м тра́нспорте он до́лжен прие́хать?
- Он до́лжен прилете́ть на самолёте.
- В кото́ром часу́ он прилета́ет?
- В де́вять утра́ он бу́дет в аэропорту́.
- Ты бу́дешь его́ встреча́ть?
- Да, я до́лжен встре́тить его́.
- Куда́ ты идёшь за́втракать?
- Я иду́ за́втракать на ку́хню.
- Ты пое́дешь на авто́бусе и́ли вы́зовешь такси́?
- Я вызыва́ю такси́.
- Как ско́ро приезжа́ет такси́?
- Такси́ приезжа́ет че́рез пятна́дцать мину́т.
- Где нахо́дится аэропо́рт?
- Аэропо́рт нахо́дится в при́городе.
- Есть ли в го́роде про́бки?
- Да, в го́роде про́бки.
- Ско́лько вре́мени ты е́дешь до аэропо́рта?
- Я е́ду до аэропо́рта час.
- Каки́м ре́йсом прилета́ет Джек?
- Джек прилета́ет на ре́йсе восемьсо́т пятна́дцать.
- Что ты спра́шиваешь в спра́вочной?
- Я спра́шиваю в спра́вочной, где бу́дет вы́ход ре́йса восемьсо́т пятна́дцать.
- Что ты де́лаешь в аэропорту́?
- Я жду самолёт Дже́ка.
- Вы с Дже́ком идёте в кафе́?
- Нет, мы забира́ем его́ бага́ж.
- Вы идёте на авто́бусную остано́вку?

- Mit welcher Art Transport soll er kommen?
- Er soll mit dem Flugzeug kommen.
- Wann kommt er?
- Er soll um neun Uhr morgens auf dem Flughafen sein.
- Triffst du ihn dort?
- Ja, ich muss ihn treffen.
- Wohin gehst du, um zu frühstücken?
- Ich gehe in die Küche, um dort Frühstück zu essen.
- Fährst du zum Flughafen mit dem Bus oder wirst du ein Taxi rufen?
- Ich rufe ein Taxi.
- Wie schnell kommt das Taxi?
- Das Taxi kommt in fünfzehn Minuten.
- Wo ist der Flughafen?
- Der Flughafen befindet sich im Vorort.
- Gibt es Stau in der Stadt?
- Ja, es gibt Stau in der Stadt.
- Wie lange dauert es, zum Flughafen zu fahren?
- Es dauert eine Stunde, zum Flughafen zu fahren.
- Mit welchem Flug kommt Jack?
- Jack kommt mit dem Flug Nummer Achthundertfünfzehn.
- Was fragst du am Auskunftspunkt?
- Ich frage, wo sich der Ausgang für Flug Achthundertfünfzehn befindet.
- Was machst du auf dem Flughafen?
- Ich warte auf Jacks Flugzeug.
- Gehst du mit Jack zum Café?
- Nein, wir sammeln sein Gepäck ein.
- Geht ihr zur Bushaltestelle?

- Нет, мы сади́мся в такси́ о́коло аэропо́рта.
- Куда́ вы е́дете?
- Мы е́дем в оте́ль.
- Джек бу́дет жить в оте́ле и́ли на кварти́ре?
- Джек бу́дет жить в оте́ле.
- Джек име́ет мно́го де́нег?
- Нет, Джек не име́ет мно́го де́нег.
- Ты помо́жешь Дже́ку найти́ недорого́й оте́ль?
- Да, я зна́ю хоро́ший и недорого́й оте́ль.
- Ты расска́жешь, где он нахо́дится?
- Он нахо́дится о́коло моего́ до́ма.
- Вы подъезжа́ете к твоему́ до́му и́ли к оте́лю?
- Мы подъезжа́ем к оте́лю.
- Куда́ захо́дит Джек?
- Джек захо́дит в оте́ль.
- К кому́ он подхо́дит?
- Он подхо́дит к рабо́тнику оте́ля.
- Како́й но́мер хо́чет Джек?
- Джек хо́чет одноме́стный но́мер.
- Что про́сит рабо́тник оте́ля у Дже́ка?
- Рабо́тник оте́ля про́сит Дже́ка дать свой па́спорт.
- Даёт ли Джек свой па́спорт?
- Да, Джек даёт свой па́спорт.
- Кто зано́сит его́ да́нные в компьютер?
- Касси́р зано́сит его́ да́нные в компьютер.
- Джек опла́чивает оте́ль нали́чными?

- Nein, wir gehen zum Taxi neben dem Flughafen.
- Wohin fahrt ihr?
- Wir fahren ins Hotel.
- Wird Jack in einem Hotel oder in einer Wohnung wohnen?
- Jack wird im Hotel wohnen.
- Hat Jack viel Geld?
- Nein, Jack hat nicht so viel Geld.
- Hilfst du Jack, ein billiges Hotel zu finden?
- Ja, ich kenne ein gutes und billiges Hotel.
- Kannst du sagen, wo es ist?
- Es ist in der Nähe meines Hauses.
- Fahrt ihr zu deinem Haus oder ins Hotel?
- Wir fahren zum Hotel.
- Wohin geht Jack?
- Jack geht in das Hotel hinein.
- Wem nähert sich Jack?
- Jack nähert sich an einen Hotelangestellten.
- Was für ein Zimmer will Jack?
- Jack will ein Einzelzimmer.
- Was fragt der Hotelangestellte Jack?
- Der Angestellte bittet Jack, ihm seinen Pass zu geben.
- Gibt ihm Jack seinen Pass?
- Ja, Jack gibt ihm seinen Pass.
- Wer gibt seine Angaben in den Computer ein?
- Der Hotelangestellte gibt seine Angaben in den Computer ein.

- Нет, Джек опла́чивает оте́ль ба́нковской ка́ртой.
- Джек получа́ет ключи́ у касси́ра и зате́м идёт в но́мер?
- Нет, рабо́тник оте́ля ведёт Дже́ка в его́ но́мер и отдаёт ему́ ключи́.
- Его́ ко́мната больша́я и́ли ма́ленькая?
- Его́ ко́мната небольша́я, но ую́тная.
- Есть ли в его́ но́мере ку́хня?
- Да, в его́ но́мере есть ку́хня, ва́нная, гости́ная и спа́льная ко́мната.
- Заче́м Джек прие́хал в го́род?
- Джек прие́хал в го́род, что́бы учи́ться в университе́те.
- Кем он хо́чет быть?
- Он хо́чет быть юри́стом.
- О чём про́сит тебя́ Джек?
- Джек про́сит меня́ показа́ть ему́ го́род.
- Ты соглаша́ешься и́ли отка́зываешься?
- Я соглаша́юсь.
- Куда́ вы выхо́дите?
- Мы выхо́дим на у́лицу.
- Кака́я на у́лице пого́да?
- На у́лице хоро́шая пого́да.
- Куда́ вы идёте?
- Мы идём на ста́нцию метро́.
- Е́здил ли Джек когда́нибудь в метро́?
- Джек никогда́ не е́здил в метро́.
- Ско́лько сто́ит прое́зд в метро́?
- Прое́зд в метро́ сто́ит два е́вро.
- Куда́ вы е́дете?
- Мы е́дем в центр го́рода.

- Zählt Jack für das Zimmer mit dem Bargeld?
- Nein, Jack zählt für das Zimmer mit der Kreditkarte.
- Bekommt Jack seine Schlüssel vom Hotelangestellten und geht er dann ins Zimmer?
- Nein, der Hotelangestellte führt Jack zu seinem Zimmer und gibt ihm die Schlüssel.
- Ist sein Zimmer groß oder klein?
- Sein Zimmer ist klein aber gemütlich.
- Gibt es eine Küche in seinem Zimmer?
- Ja, es gibt eine Küche, ein Bad, ein Wohnzimmer und ein Schlafzimmer.
- Warum kommt Jack in die Stadt?
- Jack kommt in die Stadt, um an der Universität zu studieren.
- Wer will er werden?
- Er will Rechtsanwalt werden.
- Warum bittet dich Jack?
- Jack bittet mich, ihm die Stadt zu zeigen.
- Stimmst du zu oder verweigerst du es?
- Ich stimme zu.
- Wohin geht ihr?
- Wir gehen nach draußen.
- Wie ist das Wetter draußen?
- Draußen ist das Wetter gut.
- Wohin geht ihr?
- Wir gehen zur U-Bahn-Station.
- Ist Jack schon mit der U-Bahn gefahren?
- Jack ist noch nie mit der U-Bahn gefahren.
- Wieviel kostet die Fahrkarte?
- Die Fahrkarte kostet zwei Euro.
- Wohin fahrt ihr?
- Wir fahren ins Zentrum.

- Ско́лько вре́мени у вас занима́ет доро́га туда́?
- Доро́га туда́ занима́ет у нас два́дцать пять мину́т.
- Что нахо́дится в це́нтре го́рода?
- В це́нтре го́рода больша́я пло́щадь и па́мятник.
- Как вы́глядит па́мятник?
- Па́мятник большо́й и краси́вый.
- Мно́го ли люде́й гуля́ет вокру́г па́мятника?
- Вокру́г па́мятника мно́го люде́й.
- Что они́ де́лают?
- Они́ фотографи́руются.
- Что ещё там есть?
- Та́кже там есть большо́й фонта́н.
- О́коло фонта́на мно́го и́ли ма́ло люде́й?
- О́коло фонта́на сиди́т мно́го люде́й.
- Что ещё ты пока́зываешь Дже́ку?
- Я пока́зываю Дже́ку магази́ны.
- Мо́жно ли купи́ть в них все необходи́мые ве́щи?
- В них мо́жно купи́ть всё, что ну́жно.
- Каки́е магази́ны здесь есть?
- Здесь есть продукто́вые магази́ны, магази́ны с оде́ждой и други́е магази́ны.
- Куда́ ты ведёшь Дже́ка?
- Я веду́ Дже́ка к его́ университе́ту.
- Ми́мо чего́ вы прохо́дите?
- Мы прохо́дим ми́мо полице́йского уча́стка.
- Ну́жно ли вам перейти́ доро́гу?
- Да, нам ну́жно перейти́ доро́гу.

- Wie lange dauert die Fahrt?
- Die Fahrt dauert fünfundzwanzig Minuten.
- Was gibt es im Zentrum?
- Im Zentrum gibt es einen großen Platz und ein Denkmal.
- Wie sieht das Denkmal aus?
- Das Denkmal ist groß und schön.
- Wie viele Leute gibt es rund um das Denkmal?
- Es gibt viele Leute rund um das Denkmal.
- Was machen sie?
- Sie machen Fotos.
- Was gibt es dort noch?
- Es gibt einen großen Springbrunnen.
- Gibt es viele Leute am Springbrunnen?
- Viele Leute sitzen am Springbrunnen.
- Was zeigst du Jack noch?
- Ich zeige ihm Geschäfte.
- Kann man dort alle nötigen Dinge kaufen?
- Man kann dort alles kaufen, was man braucht.
- Welche Geschäfte sind es?
- Es sind Lebensmittelgeschäfte, Kleidergeschäfte und andere.
- Wohin führst du Jack?
- Ich führe Jack zu seiner Universität.
- An welchem Gebäuden gehr ihr vorbei?
- Wir gehen an einem Polizeirevier vorbei.
- Musst ihr über die Straße gehen?

- Како́й свет гори́т на светофо́ре?
- На светофо́ре гори́т кра́сный свет.
- Вы идёте на кра́сный и́ли ждёте, когда́ загори́тся зелёный свет?
- Мы ждём, когда́ загори́тся зелёный свет.
- Вы перехо́дите доро́гу и́ли продолжа́ете стоя́ть?
- Мы перехо́дим доро́гу.
- Ты пока́зываешь Дже́ку, где мо́жно пое́сть?
- Да, по пути́ я пока́зываю Дже́ку кафе́ и рестора́ны, где мо́жно вку́сно пое́сть.
- Ми́мо чего́ вы прохо́дите?
- Мы прохо́дим ми́мо ба́ра.
- Алкого́льных напи́тков в ба́ре мно́го и́ли ма́ло?
- В ба́ре мно́го алкого́льных напи́тков.

- Ja, wir müssen über die Straße gehen.
- Welche Farbe hat die Ampel?
- Die Ampel ist rot.
- Geht ihr bei dem roten Licht oder wartet ihr auf das grüne Licht?
- Wir warten, bis die Ampel grün wird.
- Geht ihr über die Straße oder bleibt ihr stehen?
- Wir gehen über die Straße.
- Zeigst du Jack, wo man essen kann?
- Ja, auf dem Weg zeige ich Jack Cafés und Restaurants, in denen man essen kann.
- An welchem Ort geht ihr vorbei?
- Wir gehen an einer Bar vorbei.
- Gibt es viele Alkoholgetränke in der Bar?
- Ja, es gibt viele Alkoholgetränke in der Bar.

Frageworte

Как? - Wie?
Где? - Wo?
Куда́? - Wohin?
Отку́да - Woher?
Како́й? - Welcher? (M)
Кака́я? - Welche? (F)
Како́е? - Welches? (N)
Каки́е? - Welche? (Pl)
Ско́лько? - Wieviel?
Когда́? - Wann?
Кто? - Wer?
Что? - Was?
Почему́? - Warum?
Заче́м? - Wozu?

Растопи́ лёд
Brich das Eis

Ма́ленькому Ро́берту нра́вится, когда́ его́ де́душка чита́ет ему́ кни́ги про Зо́лушку. Его́ де́душка уже́ зна́ет ка́ждое сло́во на ка́ждой страни́це наизу́сть. Ро́берт про́сит его́ ещё раз прочита́ть Зо́лушку, но очки́ его́ де́душки в маши́не. К сча́стью, он о́чень хорошо́ зна́ет э́ту исто́рию. Ита́к, де́душка берёт кни́гу и де́лает вид, что «чита́ет» её. Наступа́ет моме́нт, когда́ тётя Зо́лушки де́лает чудеса́.

Der kleine Robert mag es, wenn sein Opa ihm Bücher über Cinderella vorliest. Sein Opa kennt schon jedes Wort auf jeder Seite auswendig. Robert bittet ihn, wieder Cinderella zu lesen, allerdings ist die Brille seines Opas im Auto. Zum Glück kennt er die Geschichte sehr gut. Also nimmt der Opa das Buch und tut so, als ob er „liest“. Er kommt zu dem Moment, als Cinderellas Tante die Magie ausübt.

«Тётя преврати́ла ста́рый Форд в золоту́ю каре́ту», - «чита́ет» де́душка. Ма́ленький Ро́берт внима́тельно смо́трит на него́.
«Подожди́, де́душка, - говори́т ма́льчик, - я принесу́ тебе́ твои́ очки́».

„Die Tante verwandelte einen alten Ford in eine goldene Kutsche", „liest" der Opa. Der kleine Robert sieht ihn aufmerksam an.
"Warte Opa", sagt der Junge, "ich werde dir deine Brille bringen."

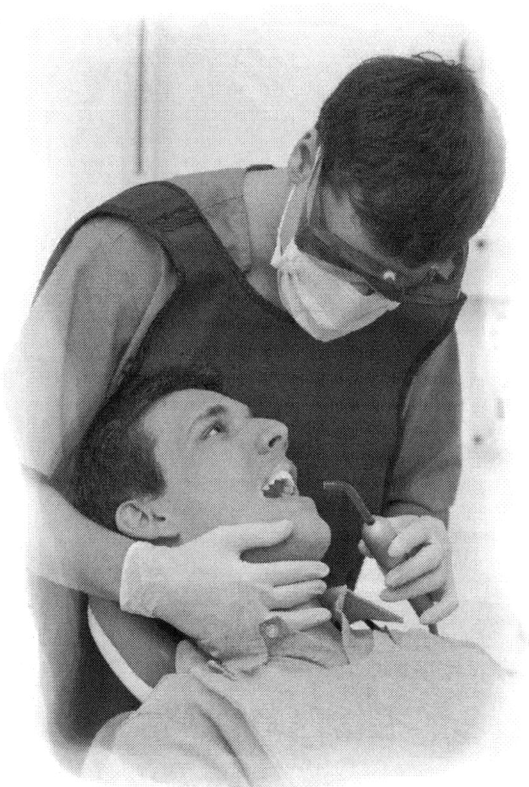

Джек боле́ет

Jack ist krank

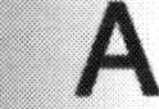

A

Слова́

1. апте́ка - die Apotheke
2. библиоте́ка - die Bibliothek, die Bücherei
3. боле́ть - krank sein
4. гора́ - der Berg
5. дви́гаться - sich bewegen
6. девятна́дцать - neunzehn
7. день - der Tag
8. диза́йн - das Design
9. до́рого - teuer

10. дорого́й - teuer
11. за́нятость - die Anstellung, die Beschäftigung
12. зе́лень - die Grünfläche
13. земля́ - die Erde, der Boden
14. зуб - der Zahn
15. иска́ть - suchen
16. кли́ника - die Klinik
17. консульта́нт - der Berater
18. лече́ние - die Behandlung
19. лечи́ться - behandelt werden
20. лу́чше - besser
21. неде́ля - die Woche
22. пла́вать - schwimmen
23. пляж - der Strand
24. по́езд - der Zug
25. потому́ что - weil
26. поэ́тому - deshalb
27. пра́чечная - die (Selbstbedienungs)Wäscherei
28. предлага́ть - vorschlagen
29. предложе́ние - der Vorschlag
30. проду́кты - die Lebensmittel
31. раз - -mal (einmal, zweimal etc.)
32. сдава́ть - zurückgeben, abgeben
33. станови́ться - werden
34. стира́ть - waschen
35. сто́имость - der Preis, die Kosten (pl.)
36. стомато́лог - der Zahnarzt
37. страхо́вка - die Versicherung
38. студе́нт - der Student
39. сюда́ - hier(her)
40. теа́тр - das Theater
41. тёплый - warm
42. техноло́гия - die Technologie
43. тонне́ль - der Tunnel
44. учени́к - der Schüler
45. хвата́ть - genug sein; greifen
46. чу́вствовать - fühlen

B

Джек студе́нт. Ему́ девятна́дцать лет. Он у́чится в университе́те техноло́гий и диза́йна. Он мо́жет добира́ться в университе́т на авто́бусе и́ли метро́. Джек обы́чно добира́ется на метро́. Сто́имость прое́зда два е́вро. Он е́дет в метро́ о́коло двадцати́ мину́т. По́езд метро́ дви́жется снача́ла под землёй, зате́м по мосту́ над реко́й.

Jack ist Student. Er ist neunzehn Jahre alt. Er studiert an der Universität für Technologie und Design. Er kann zur Universität mit der U-Bahn oder mit dem Bus kommen. In der Regel wählt er die U-Bahn. Die Fahrkarte kostet zwei Euro. Die Fahrt dauert ungefähr zwanzig Minuten. Der Zug fährt zuerst unter der Erde, dann überquert er den Fluss über eine Brücke.

Джек обы́чно не гото́вит себе́ сам. В на́шем го́роде рестора́ны дороги́е, поэ́тому Джек обы́чно ест в кафе́. Он та́кже хо́дит в суперма́ркет, что́бы купи́ть себе́ проду́кты.
Джек хо́дит в пра́чечную, что́бы постира́ть свои́ ве́щи. Стира́льной маши́ны в но́мере Дже́ка нет. Он сдаёт свои́ ве́щи в пра́чечную.
Дже́ку нра́вится э́тот го́род. Он всегда́ хоте́л жить в большо́м го́роде. Го́род краси́вый. Он нахо́дится на берегу́ реки́. В го́роде мно́го интере́сных мест. Сюда́ приезжа́ет мно́го тури́стов.
Джек боле́ет. У него́ боли́т зуб. Он идёт в кли́нику. Джек идёт к стомато́логу. Он име́ет страхо́вку, поэ́тому пла́тит полови́ну сто́имости лече́ния. По́сле стомато́лога Дже́ку стано́вится лу́чше. Он идёт в университе́т и чу́вствует себя́ хорошо́.
Джек гуля́ет по го́роду ча́сто. Он хо́дит в парк. Ему́ нра́вится, что в э́том го́роде мно́го зе́лени. Го́род чи́стый. Пого́да тёплая. Джек иногда́ хо́дит на пляж на реке́. Он хорошо́ пла́вает. Он та́кже хо́дит в кино́, музе́и и теа́тры со свои́ми друзья́ми. Дже́ку нра́вится э́тот го́род. Джек та́кже лю́бит чита́ть. Ка́ждую неде́лю он хо́дит в библиоте́ку. Ему́ нра́вятся детекти́вы. Он чита́ет кни́ги ка́ждый день.

In der Regel macht Jack sein Essen nicht selbst. In unserer Stadt sind Restaurants teuer, deshalb isst Jack normalerweise in einem Café. Er geht auch in den Supermarkt, um Lebensmittel zu kaufen.
Jack geht in die Selbstbedienungswäscherei, um seine Kleidung zu waschen. Jack hat keine Waschmaschine in seinem Zimmer. Er gibt schmutzige Kleidung in der Wäscherei ab.
Jack mag die Stadt. Er wollte immer in einer Großstadt wohnen. Die Stadt ist schön. Sie liegt am Ufer eines Flusses. Die Stadt hat viele interessanten Orte. Viele Touristen kommen hierher.
Jack ist krank. Er hat Zahnschmerzen. Er geht in die Klinik. Jack geht zum Zahnarzt. Er hat eine Versicherung, deshalb bezahlt er nur die Hälfte der Kosten. Nach der Behandlung fühlt sich Jack besser. Er geht zur Universität und fühlt sich gut.
Jack spaziert oft durch die Stadt. Er geht in den Park. Er mag es, dass es in der Stadt viele Grünflächen gibt. Die Stadt ist sauber. Das Wetter ist warm. Manchmal geht Jack zum Strand am Fluss. Er schwimmt gut. Er geht auch ins Kino, zu Museen und in den Theater mit seinen Freunden. Jack mag diese Stadt. Er mag es auch zu lesen. Jede Woche geht er in die Bibliothek. Er mag Kriminalromane. Er liest jeden Tag durch.

Дже́ку не хвата́ет де́нег. Он хо́чет найти́ рабо́ту. Он идёт в центр за́нятости. Он хо́чет рабо́тать три ра́за в неде́лю. Ему́ предлага́ют рабо́ту консульта́нтом в суперма́ркете. Джек соглаша́ется.

Jack hat nicht genug Geld. Er will eine Anstellung finden. Er geht zum Arbeitsamt. Er will dreimal pro Woche arbeiten. Er bekommt einen Vorschlag, als Berater in einem Supermarkt zu arbeiten. Jack nimmt die Arbeit an.

C

Вопро́сы и отве́ты

- Джек учени́к и́ли студе́нт?
- Джек студе́нт.
- Ско́лько ему́ лет?
- Ему́ девятна́дцать лет.
- Где он у́чится?
- Он у́чится в университе́те техноло́гий и диза́йна.
- Как он добира́ется в университе́т?
- Он мо́жет добира́ться в университе́т на авто́бусе и́ли метро́. Джек обы́чно добира́ется на метро́.
- Кака́я сто́имость прое́зда в метро́?
- Сто́имость прое́зда два е́вро.
- Ско́лько вре́мени он е́дет в метро́?
- Он е́дет в метро́ о́коло двадцати́ мину́т.
- По́езд метро́ всё вре́мя е́дет в тонне́ле под землёй?
- По́езд метро́ дви́жется снача́ла под землёй, зате́м по мосту́ над реко́й.
- Гото́вит ли Джек себе́ сам?
- Нет, Джек обы́чно не гото́вит себе́ сам.

Fragen und Antworten

- Ist Jack ein Schüler oder ein Student?
- Er ist Student.
- Wie alt ist er?
- Er ist neunzehn Jahre alt.
- Wo studiert er?
- Er studiert an der Universität für Technologie und Design.
- Wie kommt er zur Universität?
- Er kann mit dem Bus oder mit der U-Bahn zur Universität fahren. In der Regel fährt er mit der U-Bahn.
- Wieviel kostet eine Fahrkarte für die U-Bahn?
- Die Karte kostet zwei Euro.
- Wie lang fährt er mit der U-Bahn?
- Die Fahrt dauert ungefähr zwanzig Minuten.
- Fährt der Zug die ganze Zeit durch den Tunnel?
- Er fährt zuerst unter der Erde, dann überquert er den Fluss über eine Brücke.
- Kocht sich Jack das Essen selbst?
- Nein, in der Regel macht er das Essen nicht selbst.

- Где Джек обы́чно ест?
- Джек обы́чно ест в кафе́.
- Почему́ Джек не ест в рестора́не?
- Потому́ что в на́шем го́роде рестора́ны дороги́е.
- Он покупа́ет проду́кты в суперма́ркете?
- Да, он та́кже хо́дит в суперма́ркет, что́бы купи́ть себе́ проду́кты.
- Где Джек стира́ет свои́ ве́щи?
- Джек сдаёт свои́ ве́щи в пра́чечную.
- Дже́ку нра́вится э́тот го́род?
- Да, Джек всегда́ хоте́л жить в большо́м го́роде.
- Го́род нахо́дится в гора́х и́ли на берегу́ реки́?
- Го́род нахо́дится на берегу́ реки́.
- В го́роде есть тури́сты?
- Да, сюда́ приезжа́ет мно́го тури́стов.
- Что у Дже́ка боли́т?
- У него́ боли́т зуб.
- Он идёт в апте́ку и́ли в кли́нику?
- Он идёт в кли́нику. Джек идёт к врачу́.
- К како́му врачу́ идёт Джек?
- Джек идёт к стомато́логу.
- Лечи́ться у стомато́лога для Дже́ка до́рого?
- Он име́ет страхо́вку, поэ́тому пла́тит полови́ну сто́имости лече́ния.
- Как себя́ чу́вствует Джек по́сле стомато́лога?

- Wo isst Jack in der Regel?
- In der Regel isst Jack in einem Café.
- Warum isst Jack nicht in einem Restaurant?
- Weil Restaurants in unserer Stadt teuer sind.
- Kauft Jack auch Lebensmittel in einem Supermarkt?
- Ja, er geht auch in den Supermarkt, um Lebensmittel zu kaufen.
- Wo wäscht Jack seine Kleidung?
- Jack wäscht seine Kleidung in der Selbstbedienungswäscherei.
- Mag Jack die Stadt?
- Ja, Jack wollte immer in einer Großstadt wohnen.
- Liegt die Stadt im Gebirge oder an einem Fluss?
- Die Stadt liegt am Ufer eines Flusses.
- Gibt es Touristen in der Stadt?
- Ja, es gibt viele Touristen hier.
- Warum ist Jack krank?
- Er hat Zahnschmerzen.
- Geht er in die Apotheke oder in die Klinik?
- Er geht in die Klinik. Er geht zu einem Arzt.
- Zu welchem Arzt geht Jack?
- Jack geht zu einem Zahnarzt.
- Kostet die Behandlung beim Zahnarzt viel?
- Jack hat eine Versicherung, deshalb bezahlt er nur die Hälfte der Kosten.
- Wie fühlt sich Jack nach der Behandlung?

- После стоматолога Джеку становится лучше. Он идёт в университет и чувствует себя хорошо.
- Джек любит гулять по городу?
- Да, Джек гуляет по городу часто.
- Где Джек гуляет?
- Он ходит в парк. Ему нравится, что в этом городе много зелени.
- Джек умеет плавать?
- Да, Джек хорошо плавает. Он иногда ходит на пляж на реке.
- Куда ходит Джек со своими друзьями?
- Он ходит в кино, музеи и театры.
- Как часто Джек ходит в библиотеку?
- Джек ходит в библиотеку каждую неделю.
- Какие книги ему нравятся?
- Ему нравятся детективы. Он читает книги каждый день.
- У Джека много денег?
- Нет, Джеку не хватает денег.
- Где Джек ищет работу?
- Он идёт в центр занятости.
- Сколько дней в неделю может работать Джек?
- Он хочет работать три раза в неделю.
- Какую работу ему предлагают?
- Ему предлагают работу консультантом в супермаркете.
- Джек принимает предложение или отказывается?
- Джек соглашается.

- Jack fühlt sich besser. Er fährt zur Universität und fühlt sich besser.
- Mag es Jack, durch die Stadt zu spazieren?
- Ja, Jack spaziert sehr oft durch die Stadt.
- Wohin geht Jack?
- Jack geht in den Park. Er mag es, dass es in der Stadt viele Grünflächen gibt.
- Kann Jack schwimmen?
- Ja, Jack schwimmt gut. Manchmal geht er zum Strand am Fluss.
- Wohin geht Jack mit seinen Freunden?
- Er geht ins Kino, zu Museen und in das Theater.
- Wie oft geht Jack in die Bibliothek?
- Jack geht jede Woche in die Bibliothek.
- Welche Bücher mag er?
- Er mag Kriminalromane. Er liest jeden Tag Bücher.
- Hat Jack viel Geld?
- Nein, er hat nicht genug Geld.
- Wo sucht Jack eine Arbeit?
- Er geht zum Arbeitsamt.
- Wie viele Tage pro Woche kann Jack arbeiten?
- Er will dreimal pro Woche arbeiten.
- Was für einen Arbeitsvorschlag bekommt er?
- Er bekommt einen Vorschlag, als Berater im Supermarkt zu arbeiten.
- Nimmt er den Vorschlag an oder lehnt er ihn ab?
- Er nimmt den Vorschlag an.

Abwesenheit von „es gibt“

Im Russischen benutzt man normalerweise nicht die Wörter есть, имеется (es gibt). Aber das Wort есть wird bei Fragen benutzt und bei Betonung auf Anwesenheit oder Existenz eines Subjekts.

На столе́ я́блоко. Ein Apfel ist auf dem Tisch..

В холоди́льнике есть о́вощи? Gibt es Gemüse im Kühlschrank?

-В Ли́пецке есть интере́сные па́мятники? Gibt es interessante Denkmäler in Lipezk?

-Да, есть не́сколько. Ja, es gibt einige.

Abwesenheit wird durch нет gezeigt:

В Ли́пецке нет по́рта. Es gibt keinen Hafen in Lipezk.

В холоди́льнике нет су́па. Es gibt keine Suppe im Kühlschrank.

12

Растопи́ лёд

Brich das Eis

Зима́. На у́лице сне́жно и ско́льзко. Па́па прихо́дит с рабо́ты.
«Пого́да ужа́сная! О́чень ско́льзко. Я два́жды упа́л», - говори́т он ма́ме. На его́ штана́х есть не́сколько мо́крых пя́тен. Па́па недово́лен. В э́тот моме́нт из шко́лы возвраща́ется ма́ленький сыно́к.
«На у́лице так здо́рово! - ра́достно кричи́т сын. - О́чень ско́льзко. Я два ра́за упа́л!» Сын о́чень дово́лен.

Es ist Winter. Draußen ist es verschneit und rutschig. Der Vater kommt von der Arbeit nach Hause.
„Das Wetter ist schrecklich! Es ist sehr rutschig. Ich bin zweimal gestürzt“, sagt er zu der Mutter. Seine Hose hat mehrere nasse Flecken. Der Vater ist unglücklich. In diesem Moment kommt der kleine Sohn von der Schule nach Hause.
„Es ist so toll draußen!“ schreit der Sohn glücklich. „Es ist sehr rutschig. Ich bin zweimal gestürzt!“ Der Sohn ist sehr glücklich.

Джек хо́чет найти́ но́вую кварти́ру

Jack will eine neue Wohnung finden

Слова́

1. аге́нт - der Vertreter, der Agent
2. а́дрес - die Addresse
3. банк - die Bank
4. вдоль - entlang
5. внутри́ - innen, drinnen
6. возвраща́ться - zurückkehren
7. встре́титься - treffen
8. второ́й - zweiter
9. выбира́ть - wählen
10. высо́кий - hoch
11. газе́та - die Zeitung
12. догова́риваться - sich verabreden
13. до́лго - lange
14. ду́мать - denken
15. жильё, кварти́ра - die Unterkunft, die Wohnung
16. заключа́ть догово́р - einen Vertrag schließen
17. звоно́к - die Klingel
18. кио́ск - der Kiosk
19. кни́жный - Buch-
20. ко́жаный - ledern, Leder-
21. крова́ть - das Bett
22. кто́-нибудь - jemand
23. ле́стница - das Treppenhaus
24. лифт - der Aufzug
25. ме́бель - die Möbel
26. ме́сяц - der Monat
27. направле́ние - die Richtung

28. находи́ть - finden
29. невысо́кий - nicht groß
30. ноутбу́к - der Laptop
31. объявле́ние - die Anzeige
32. объясня́ть - erklären
33. отвеча́ть - antworten
34. отказа́ться - ablehnen
35. пе́рвый - erster
36. переселя́ться - umziehen
37. пери́од - die Periode
38. поднима́ться - steigen
39. подходи́ть - herangehen, sich nähern
40. подходя́щий - geeignet, passend
41. приглаша́ть - einladen
42. проводи́ть - begleiten; verbringen
43. ребёнок - das Kind
44. реше́ние - der Entschluss, die Entscheidung
45. реши́ть - entscheiden
46. светло́ - hell
47. сказа́ть - sagen
48. снару́жи - draußen
49. споко́йно - ruhig
50. сра́зу - sofort, auf der Stelle
51. стуча́ть - klopfen
52. суббо́та - der Samstag
53. так - so
54. ти́хий - still
55. ти́хо - still, leise
56. тот - jene(r/s)
57. тре́тий - dritter
58. три́ста - dreihundert
59. тротуа́р - der Bürgersteig, der Fußweg
60. ука́занный - angezeigt
61. ука́зывать - anzeigen, andeuten
62. ую́тно - gemütlich
63. хозя́ин - der Wirt
64. цена́ - der Preis
65. центра́льный - zentral
66. шу́мно - laut
67. шу́мный - laut
68. эта́ж - die Etage

B

Сего́дня суббо́та. Жить в оте́ле до́лго - э́то до́рого. Джек хо́чет найти́ себе́ кварти́ру для жилья́. Он покупа́ет в кио́ске газе́ту. В газе́те мно́го объявле́ний. Джек захо́дит в кафе́ и сади́тся за стол. Он зака́зывает себе́ ко́фе. Он сиди́т в кафе́ и смо́трит газе́ту. В газе́те он нахо́дит не́сколько

Heute ist Samstag. Es ist teuer, lange in einem Hotel zu bleiben. Jack will eine neue Wohnung finden. Er kauft eine Zeitung am Kiosk. In der Zeitung gibt es viele Anzeigen. Jack geht in ein Café und setzt sich an einen Tisch. Er bestellt Kaffee. Er sitzt im Café und liest die Zeitung. Er findet

подходя́щих кварти́р. Их цена́ невысо́кая. Та́кже Джек хо́чет, что́бы кварти́ра была́ ря́дом с его́ университе́том. Он выбира́ет для себя́ три кварти́ры. Джек хо́чет посмотре́ть их сего́дня. Он звони́т по номера́м, ука́занным в объявле́нии. Пе́рвый но́мер не отвеча́ет. Тогда́ он звони́т по друго́му но́меру. Отвеча́ет же́нщина. Её зову́т Шарло́тта. Она́ аге́нт по недви́жимости. Он догова́ривается с ней встре́титься. Дже́ку нра́вится, что дом нахо́дится в це́нтре го́рода. Он сади́тся в авто́бус и е́дет к до́му. Когда́ Джек подъезжа́ет, он ви́дит высо́кий дом. Он нахо́дится на центра́льной пло́щади. Вокру́г мно́го маши́н и люде́й. Дже́ку не нра́вится, что там так шу́мно. Ему́ та́кже не нра́вится дом снару́жи. Он вы́глядит ста́рым. Джек захо́дит в дом. Кварти́ра нахо́дится на второ́м этаже́. Он стучи́тся в дверь. Же́нщина открыва́ет дверь. Э́то Шарло́тта. Она́ приглаша́ет Дже́ка посмотре́ть кварти́ру. Он захо́дит. Кварти́ра просто́рная, но ста́рая. Там больши́е о́кна. Они́ деревя́нные. В гости́ной есть большо́й телеви́зор и дива́н. Джек идёт в ко́мнату. В ко́мнате стои́т больша́я крова́ть. В углу́ ко́мнаты стои́т стол. Дже́ку не нра́вится, что в кварти́ре темно́ и ма́ло ме́бели. Кварти́ра вы́глядит пусто́й.

einige passenden Wohnungen in der Zeitung. Ihre Preise sind niedrig. Jack will auch, dass sich die Wohnung in der Nähe der Universität befindet. Er wählt drei Wohnungen. Jack will sie noch heute sehen. Er ruft die Telefonnummer an, die in den Anzeigen angegeben sind. Die erste Nummer antwortet nicht. Dann ruft er die zweite Nummer. Eine Frau antwortet. Sie heißt Charlotte. Sie ist eine Immobilienagentin. Er verabredet sich mit ihr. Jack findet es gut, dass die Wohnung sich im Zentrum der Stadt befindet. Er steigt in einen Bus ein und fährt zu diesem Haus. Als Jack ankommt, sieht er ein hohes Haus. Es befindet sich am Zentralplatz. Es gibt viele Leute und Autos. Jack findet es nicht gut, dass es hier so laut ist. Das Haus gefällt ihm auch von außen nicht so gut. Es sieht alt aus. Jack geht hinein. Die Wohnung befindet sich in der zweiten Etage. Er klopft an die Tür. Eine Frau öffnet die Tür. Das ist Charlotte. Sie lädt Jack ein, sich die Wohnung anzusehen. Er kommt hinein. Die Wohnung ist geräumig, aber alt. Es gibt große Fenster. Sie sind hölzern. Im Wohnzimmer gibt es einen großen Fernseher und ein Sofa. Jack geht in das Schlafzimmer hinein. Es hat ein großes Bett. In der Ecke des Zimmers gibt es einen Tisch. Jack mag es nicht, dass die Wohnung dunkel ist und wenige Möbel hat. Sie sieht

Джек говори́т Шарло́тте, что хо́чет посмотре́ть ещё одну́ кварти́ру сего́дня и реши́ть. Шарло́тта про́сит Дже́ка позвони́ть ве́чером и сказа́ть о своём реше́нии. Джек выхо́дит из до́ма. Он звони́т по ещё одному́ но́меру. Мужчи́на сдаёт кварти́ру недалеко́. Мужчи́ну зову́т Майк. Он объясня́ет, как прое́хать к до́му. Джек зна́ет э́то ме́сто. Он идёт на ста́нцию метро́. Э́та кварти́ра нахо́дится о́коло па́рка. Джек сади́тся в ваго́н метро́. Он е́дет туда́ о́коло десяти́ мину́т. Он выхо́дит из метро́ и идёт по тротуа́ру вдоль доро́ги. Он не мо́жет найти́ дом, но у него́ есть а́дрес. Ми́мо него́ идёт же́нщина с ребёнком. Он спра́шивает у неё, как пройти́ к э́тому до́му. Же́нщина зна́ет э́тот дом. Она́ живёт в нём. Она́ ука́зывает Дже́ку направле́ние, куда́ ну́жно идти́. Дом нахо́дится за ба́нком. Джек подхо́дит к до́му. Ему́ о́чень нра́вится, что дом нахо́дится ря́дом с па́рком. Вокру́г до́ма ти́хо и споко́йно. О́коло до́ма есть сад. Там мно́го цвето́в. Кварти́ра Ма́йка на тре́тьем этаже́. Джек сади́тся в лифт. Он е́дет на тре́тий эта́ж. Джек выхо́дит из ли́фта. Он звони́т в звоно́к. Дверь открыва́ет мужчи́на. Э́то Майк. Он прово́дит Дже́ка внутрь.

Внутри́ светло́ и ую́тно. Ме́бель в до́ме но́вая. В ко́мнате стои́т большо́й

leer aus. Jack sagt Charlotte, dass er heute noch eine Wohnung ansehen will und dann entscheiden. Charlotte bittet ihn, am Abend anzurufen und ihr die Entscheidung mitzuteilen. Jack verlässt das Haus. Er ruft noch eine Nummer an. Ein Mann vermietet eine Wohnung in der Nähe. Er heißt Mike. Er erklärt, wie man sein Haus findet. Jack kennt dieses Ort. Er geht zur U-Bahn-Station. Die Wohnung befindet sich neben einem Park. Jack steigt in den Wagen ein. Die Fahrt dauert ungefähr zehn Minuten. Er geht draußen und dann auf den Bürgersteig dem Weg entlang. Er kann das Haus nicht finden, aber er hat die Adresse. Er geht zu einer Frau mit einem Kind. Er fragt, wie man das Haus finden kann. Die Frau kennt das Haus. Sie wohnt dort. Sie zeigt Jack die Richtung, die er wählen soll. Das Haus befindet sich neben einer Bank. Jack geht hinein. Es gefällt ihm sehr, dass sich das Haus neben einem Park befindet. Es ist still und ruhig rund um das Haus. Neben dem Haus gibt es einen Garten. Es gibt dort viele Blumen. Mikes Wohnung ist in der dritten Etage. Jack geht zum Aufzug. Er fährt auf die dritte Etage. Jack geht aus dem Aufzug hinaus. Er benutzt die Klingel. Ein Mann öffnet die Tür. Das ist Mike. Er begleitet Jack in die Wohnung.

Drinnen ist es hell und bequem. Es gibt neue Möbel in der Wohnung. Im Zimmer

телеви́зор. Он но́вый. В углу́ ко́мнаты нахо́дится крова́ть. В гости́ной Джек ви́дит большо́й шкаф. В шкафу́ мно́го книг. Посреди́не гости́ной сто́ит стол. О́коло стола́ сто́ит большо́е кре́сло. Оно́ ко́жаное. Джек ду́мает поста́вить туда́ ноутбу́к. Ему́ нра́вится э́тот дом. Он говори́т Ма́йку, что хо́чет жить в э́том до́ме. Он бу́дет плати́ть Ма́йку три́ста е́вро в ме́сяц. Они́ заключа́ют догово́р. Джек до́лжен заплати́ть за два ме́сяца сра́зу. В тот же день он перево́зит все свои́ ве́щи из оте́ля.

gibt es einen Großbildfernseher. Er ist neu. In der Zimmerecke gibt ein Bett. Im Zimmer sieht Jack ein Bücherregal. Es gibt viele Bücher im Bücherregal. In der Mitte des Zimmers gibt es einen Tisch. Neben dem Tisch gibt es einen Sessel. Er ist ledern. Jack denkt daran, seinen Laptop dorthin zu stellen. Das Haus gefällt ihm. Er sagt Mike, dass er hier wohnen will. Er soll Mike dreihundert Euro pro Monat bezahlen. Sie schließen einen Vertrag. Jack muss für zwei Monaten sofort bezahlen. Er bringt am selben Tag alle seinen Sachen aus dem Hotel.

C

Вопро́сы и отве́ты

- Како́й сего́дня день?
- Сего́дня суббо́та.
- Почему́ Джек хо́чет найти́ себе́ кварти́ру для жилья́?
- Потому́ что жить в оте́ле до́лго - э́то до́рого.
- Что покупа́ет Джек в кио́ске?
- Джек в кио́ске покупа́ет газе́ту объявле́ний.
- Джек возвраща́ется в оте́ль и́ли идёт в кафе́?
- Джек захо́дит в кафе́ и сади́тся за стол.
- Он зака́зывает моро́женое и́ли ко́фе?
- Он зака́зывает себе́ ко́фе.

Fragen und Antworten

- Was für ein Tag ist heute?
- Es ist Samstag.
- Warum will Jack eine Wohnung finden?
-Weil es teuer ist, eine lange Zeit im Hotel zu bleiben.
- Was kauft Jack am Kiosk?
- Am Kiosk kauft Jack eine Zeitung mit Anzeigen.
- Geht Jack zurück zum Hotel oder in ein Café?
- Jack geht in ein Café und setzt sich an den Tisch.
- Bestellt er Eis oder Kaffee?
- Er bestellt Kaffee.
- Was macht Jack im Café?

- Что Джек де́лает в кафе́?
- Он сиди́т в кафе́ и смо́трит газе́ту.
- Есть ли в газе́те недороги́е кварти́ры?
- Да, в газе́те он нахо́дит не́сколько подходя́щих кварти́р.
- Где должна́ быть кварти́ра?
- Джек хо́чет, что́бы кварти́ра была́ ря́дом с его́ университе́том.
- Джек вы́брал кварти́ру?
- Да, он вы́брал три кварти́ры и хо́чет посмотре́ть их сего́дня.
- С кем Джек договори́лся встре́титься?
- С аге́нтом по недви́жимости. Её зову́т Шарло́тта.
- Почему́ Джек вы́брал э́тот дом?
- Дже́ку нра́вится, что дом нахо́дится в це́нтре го́рода.
- Джек идёт к до́му пешко́м и́ли е́дет на авто́бусе?
- Он сади́тся в авто́бус и е́дет к до́му.
- Где нахо́дится дом?
- Он нахо́дится на центра́льной пло́щади.
- Дом нахо́дится в ти́хом и́ли шу́мном ме́сте?
- Вокру́г мно́го маши́н и люде́й. Дже́ку не нра́вится, что там так шу́мно.
- Дом Дже́ку понра́вился?
- Нет, ему́ не нра́вится дом снару́жи. Он вы́глядит ста́рым.
- На како́м этаже́ кварти́ра?
- Кварти́ра нахо́дится на второ́м этаже́.
- Кто открыва́ет дверь?

- Er sitzt und liest die Zeitung.
- Findet er Anzeigen für billige Wohnungen?
- Ja, er findet Anzeigen für einige passenden Wohnungen in der Zeitung.
- Wo soll sich die Wohnung befinden?
- Jack will eine Wohnung in der Nähe seiner Universität finden.
- Wählt Jack eine Wohnung?
- Ja, er wählt drei Wohnungen und will sie heute ansehen.
- Mit wem verabredet sich Jack?
- Mit einer Immobilienagentin. Sie heißt Charlotte.
- Warum wählt Jack diese Wohnung?
- Es gefällt ihm, dass sich die Wohnung im Stadtzentrum befindet.
- Kommt Jack zu diesem Haus zu Fuß oder mit dem Bus?
- Jack steigt in den Bus ein und fährt zu diesem Haus.
- Wo ist das Haus?
- Es befindet sich am Zentralplatz.
- Liegt das Haus in einem ruhigen oder lauten Ort?
- Es gibt viele Autos und Leute. Jack mag es nicht, dass es hier so laut ist.
- Gefiel ihm das Haus?
- Nein, von außen gefällt ihm das Haus nicht. Es sieht alt aus.
- In welcher Etage liegt die Wohnung?
- Die Wohnung liegt in der zweiten Etage.
- Wer öffnet die Tür?

- Открыва́ет дверь Шарло́тта.
- Кварти́ра но́вая и́ли ста́рая?
- Кварти́ра просто́рная, но ста́рая.
- О́кна в кварти́ре ма́ленькие и́ли больши́е?
- Там больши́е о́кна. Они́ деревя́нные.
- Что есть в гости́ной?
- В гости́ной есть большо́й телеви́зор и дива́н.
- Больша́я ли крова́ть в ко́мнате?
- Да, в ко́мнате стои́т больша́я крова́ть.
- В ко́мнате стои́т стол?
- Стол стои́т в углу́ ко́мнаты.
- Дже́ку понра́вилась кварти́ра?
- Нет, не понра́вилась. В кварти́ре темно́ и ма́ло ме́бели.
- Джек отказа́лся от кварти́ры?
- Нет, он говори́т Шарло́тте, что хо́чет посмотре́ть ещё одну́ кварти́ру сего́дня и реши́ть.
- Джек и́щет кварти́ру да́льше?
- Да, он звони́т по ещё одному́ но́меру.
- Как зову́т хозя́ина кварти́ры?
- Мужчи́ну зову́т Майк.
- Джек зна́ет, как прое́хать к до́му?
- Да, он идёт на ста́нцию метро́. Э́та кварти́ра нахо́дится о́коло па́рка.
- Ско́лько вре́мени е́дет Джек в метро́?
- Он е́дет туда́ о́коло десяти́ мину́т.
- Он сра́зу нахо́дит дом?
- Нет, он не мо́жет найти́ дом, но у него́ есть а́дрес.
- Он мо́жет у кого́-нибу́дь спроси́ть?

- Charlotte öffnet die Tür.
- Ist die Wohnung neu oder alt?
- Die Wohnung ist geräumig, aber alt.
- Sind die Fenster in der Wohnung klein oder groß?
- Die Fenster sind groß. Sie sind hölzern.
- Was gibt es im Wohnzimmer?
- Das Wohnzimmer hat einen großen Fernseher und ein Sofa.
- Ist das Bett im Schlafzimmer groß?
- Ja, das Schlafzimmer hat ein großes Bett.
- Gibt es einen Tisch im Zimmer?
- Ja, ein Tisch ist in der Ecke.
- Gefällt Jack die Wohnung?
- Nicht sehr. Die Wohnung ist dunkel und es gibt wenige Möbel.
- Lehnt Jack die Wohnung ab?
- Nein, er sagt Charlotte, dass er noch eine Wohnung heute ansehen will und sich dann entschließen.
- Besucht Jack noch andere Wohnungen?
- Ja, er ruft noch eine Nummer an.
- Wie heißt der Vermieter?
- Er heißt Mike.
- Weiß Jack, wie man zu diesem Haus fährt?
- Ja, er geht zu einer U-Bahn-Station. Die Wohnung befindet sich in der Nähe eines Parks.
- Wie lange fährt Jack mit der U-Bahn?
- Er fährt mit der U-Bahn ungefähr zehn Minuten lang.
- Findet er das Haus sofort?

- Да, ми́мо него́ идёт же́нщина с ребёнком.
- Что Джек у неё спра́шивает?
- Он спра́шивает у неё, как пройти́ к э́тому до́му.
- Же́нщина зна́ет э́тот дом?
- Да, она́ живёт в нём. Она́ ука́зывает Дже́ку направле́ние, куда́ ну́жно идти́.
- Где нахо́дится дом?
- Дом нахо́дится за ба́нком.
- Дже́ку нра́вится дом?
- Да, ему́ нра́вится, что дом нахо́дится ря́дом с па́рком.
- Дом стои́т в ти́хом ме́сте?
- Да, вокру́г до́ма ти́хо и споко́йно.
- На како́м этаже́ кварти́ра Ма́йка?
- Кварти́ра Ма́йка на тре́тьем этаже́.
- Джек поднима́ется по ле́стнице?
- Нет, Джек сади́тся в лифт. Он е́дет на тре́тий эта́ж.
- Джек стучи́т в дверь и́ли звони́т в звоно́к?
- Он звони́т в звоно́к.
- Ме́бель в до́ме но́вая и́ли ста́рая?
- Ме́бель в до́ме но́вая.
- Телеви́зор в ко́мнате есть?
- Да, в ко́мнате стои́т большо́й телеви́зор. Он но́вый.
- Где в ко́мнате крова́ть?
- В углу́ ко́мнаты нахо́дится крова́ть.
- Кака́я ме́бель есть в гости́ной?

- Nein, er kann das Haus nicht finden, aber er hat die Adresse.
- Kann er jemanden fragen?
- Ja, er fragt eine Frau mit einem Kind.
- Wonach fragt Jack die Frau?
- Er fragt, wie man das Haus finden kann.
- Kennt die Frau dieses Haus?
- Ja, sie wohnt dort. Sie zeigt Jack die Richtung.
- Wo ist das Haus?
- Es ist hinter einer Bank.
- Gefällt Jack das Haus?
- Ja, es gefällt ihm, dass sich das Haus neben dem Park befindet.
- Befindet sich das Haus in einem ruhigen Ort?
- Ja, es ist still und ruhig rund um das Haus.
- In welcher Etage befindet sich Mikes Wohnung?
- Die Wohnung ist in der dritten Etage.
- Geht Jack treppauf?
- Nein, er fährt mit dem Aufzug. Er fährt zur dritten Etage.
- Klopft Jack an die Tür oder klingelt er?
- Er klingelt.
- Sind die Möbel in der Wohnung neu oder alt?
- Die Möbel in der Wohnung sind neu.
- Gibt es einen Fernseher im Zimmer?
- Ja, es gibt einen Großbildfernseher. Er ist neu.
- Wo ist das Bett in diesem Zimmer?
- Das Bett ist in der Zimmerecke.
- Welche Möbel gibt es im Zimmer?

- В гости́ной сто́ит большо́й кни́жный шкаф, посреди́не стои́т стол, во́зле стола́ стои́т большо́е ко́жаное кре́сло.
- Дже́ку нра́вится кварти́ра?
- Да, он говори́т Ма́йку, что хо́чет жить в э́том до́ме.
- Ско́лько бу́дет плати́ть Джек за кварти́ру?
- Он бу́дет плати́ть Ма́йку три́ста е́вро в ме́сяц.
- Что заключа́ют Джек с Майком?
- Они́ заключа́ют догово́р.
- За како́й пери́од Джек до́лжен сра́зу заплати́ть?
- Джек до́лжен заплати́ть за два ме́сяца сра́зу.
- Когда́ он переселя́ется из оте́ля в кварти́ру?
- В тот же день он перево́зит все свои́ ве́щи из оте́ля.

- Es gibt ein großes Buchregal, in der Mitte gibt es einen Tisch und neben dem Tisch gibt es einen großen ledernen Sessel.
- Gefällt Jack die Wohnung?
- Ja, er sagt Mike, dass er hier wohnen will.
- Wieviel soll Jack für die Wohnung bezahlen?
- Er soll Mike dreihundert Euro pro Monat bezahlen.
- Was beschließt Jack mit Mike?
- Sie schließen einen Vertrag.
- Für welche Periode muss Jack sofort bezahlen?
- Er muss für zwei Monaten sofort bezahlen.
- Wann zieht Jack vom Hotel um?
- Am gleichen Tag bringt er alle seinen Sachen aus dem Hotel.

D

Reihenfolge der Worte

Die Reihenfolge der Worte im Russischen ist sehr flexibel. Die Russen beginnen den Satz normalerweise mit dem Ort und der Zeit der Handlung. За́втра я рабо́таю. Ich arbeite morgen. На э́той у́лице мно́го ба́нков. Es gibt viele Banken in dieser Strasse.
Steigende Intonation weißt auf eine Frage hin: Ты студе́нт↑? Bist du Student?
Wenn der Satz mit einem Fragewort beginnt, ist die Intonation normalerweise bestätigend: Где магази́н↓? Wo ist das Geschäft?

13

Растопи́ лёд
Brich das Eis

Ма́ленький Лео́н на де́тской площа́дке со свои́м па́пой. Он игра́ет со свои́ми друзья́ми.
«Па́па, мо́жно я оде́ну трусы́ пове́рх штано́в?» - спра́шивает он своего́ па́пу.
«Заче́м?» - спра́шивает па́па сы́на.
«Я бу́ду Суперме́ном!»
«Ла́дно. Но дава́й сде́лаем э́то до́ма», - говори́т па́па.
«Я бу́ду Суперме́ном!» - ра́достно кричи́т Лео́н свои́м друзья́м.

Der kleine Leon ist mit seinem Vater auf dem Spielplatz. Er spielt mit seinen Freunden.
„Papa, darf ich meine Unterhose über die Hose anziehen?“ fragt er seinen Vater.
„Warum?“ fragt der Vater den Sohn.
„Ich werde Superman sein!“
„Okay. Aber lass es uns zu Hause machen“, sagt der Vater.
„Ich werde ein Superman sein!“ schreit Leon glücklich zu seinen Freunden.

В магази́не

Im Geschäft

Слова́

1. анана́с - die Ananas
2. апельси́н - die Orange
3. апельси́новый - Orangen-
4. бана́н - die Banane
5. бу́лочка - das Brötchen
6. бульва́р - der Boulevard
7. буты́лка - die Flasche
8. везти́ - fahren
9. весы́ - die Waage
10. взве́шивать - wiegen
11. виногра́д - die Traube(n)
12. вози́ть - fahren
13. воскресе́нье - der Sonntag
14. встать - aufstehen
15. вход - der Eingang
16. выкла́дывать - auslegen
17. гото́вый - fertig
18. гриб - der Pilz
19. де́йствовать - funkionieren
20. дождь - der Regen
21. есть - essen
22. за́нят - beschäftigt
23. капу́ста - der Kohl
24. ка́сса - die Kasse
25. клубни́ка - die Erdbeere
26. коро́бка - die Schachtel, die Kiste
27. кошелёк - die Geldtasche, das Portmonee
28. ку́ры - die Hühner
29. лимо́н - die Zitrone
30. литр - der Liter
31. макаро́ны - die Nudeln

32. моло́чный - Milch-
33. морко́вь - die Karotte
34. мясно́й - Fleisch-
35. направля́ться - gehen
36. ну́жный - nötig
37. о́вощ - das Gemüse
38. огуре́ц - die Gurke
39. отде́л - die Abteilung
40. о́чередь - die Schlange
41. паке́т - das Paket
42. па́чка - das Päckchen
43. пе́рсик - der Pfirsich
44. полиэтиле́новый - Polyethylen-
45. помидо́р - die Tomate
46. проби́ть - kassieren
47. продава́ться - verkauft werden
48. ра́зный - verschieden
49. расплати́ться - bezahlen
50. реша́ть - entscheiden
51. рис - der Reis
52. свети́ть - leuchten, scheinen
53. смета́на - die Sahne
54. сок - der Saft
55. со́лнце - die Sonne
56. соси́ска - dieWurst
57. сто́йка - der Stand
58. сыро́й - roh
59. теле́жка - der Wagen
60. то́лько - nur
61. удава́ться - gelingen
62. фрукт - das Obst
63. чек - die Rechnung
64. чи́псы - die Chips
65. шту́ка - das Stück
66. яйцо́ - das Ei
67. я́щик - die Schublade

B

Сего́дня воскресе́нье. У Дже́ка мно́го свобо́дного вре́мени. Он реша́ет пойти́ в магази́н. Сейча́с де́сять часо́в утра́. Джек встаёт с крова́ти. Он чи́стит зу́бы, одева́ется и идёт за́втракать. Он хо́чет купи́ть проду́ктов на неде́лю, поэ́тому он идёт в суперма́ркет. Суперма́ркет нахо́дится недалеко́. Джек выхо́дит из до́ма. Он идёт по бульва́ру. На у́лице хоро́шая пого́да. Све́тит со́лнце. По бульва́ру гуля́ет мно́го люде́й. Джек идёт да́льше. Суперма́ркет уже́ ря́дом.

Heute ist Sonntag. Jack hat viel Freizeit. Er entscheidet sich, ins Geschäft zu gehen. Es ist zehn Uhr morgens. Jack steht auf. Er putzt seine Zähne, kleidet sich an und geht in die Küche, um zu frühstücken. Er will Lebensmittel für die Woche kaufen, also geht er in den Supermarkt. Der Supermarkt liegt in der Nähe. Jack geht draußen. Er geht dem Boulevard entlang. Draußen ist das Wetter gut. Die Sonne scheint. Viele Leute spazieren auf dem Boulevard. Jack geht weiter. Der

Он захóдит тудá. Джек берёт телéжку. Он идёт по магазúну и выбирáет продýкты. Джек в отдéле фрýктов. Там есть банáны, я́блоки, апельсúны, ананáсы, пéрсики, клубнúка и виногрáд. Джéку нужны́ лимóны. Он берёт полиэтилéновый пакéт и кладёт в негó лимóны. Джек берёт три штýки. Он тáкже берёт ещё одúн полиэтилéновый пакéт и кладёт в негó я́блоки. Он берёт пять штук. Он кладёт пакéты в телéжку. Джек подвóзит телéжку к весáм и взвéшивает фрýкты. Джек идёт дáльше. Он в отдéле овощéй. Там есть моркóвь, помидóры, грибы́, огурцы́, капýста и другúе óвощи. Онú нахóдятся в я́щиках. Джек хóчет взять немнóго помидóров и огурцóв. Он набирáет óвощи и взвéшивает их. Дáльше Джек идёт по мяснóму отдéлу. Он хóчет взять пáлку колбасы́. Джек выбирáет колбасý. Там тáкже есть ры́ба, готóвые и сыры́е кýры, сосúски и другúе мясны́е продýкты. Джек идёт дáльше. Он берёт корóбку яиц. Óколо мяснóго отдéла он берёт пáчку сáхара. Тáкже он берёт пáчку макарóн и пáчку рúса. В молóчном отдéле Джек берёт пакéт молокá и пакéт сметáны. В хлéбном отдéле есть мнóго рáзных слáдких бýлочек и хлéба. Джек берёт одúн хлеб и две слáдкие бýлочки. Тáкже он берёт однý мáленькую

Supermarkt ist schon nah. Er kommt ein. Jack nimmt einen Einkaufwagen. Er geht ins Geschäft und wählt Produkte. Jack ist in der Obstabteilung. Es gibt hier Bananen, Äpfel, Orangen, Ananasse, Pfirsiche, Erdbeeren und Trauben. Jack braucht Zitronen. Er nimmt eine Kunststofftüte und legt die Zitronen hinein. Jack nimmt drei. Er nimmt noch eine Kunststofftüte und legt dort die Äpfel hinein. Er nimmt fünf. Er legt die Tüten in den Wagen. Jack geht zu der Waage und wiegt das Obst. Er geht weiter. Er ist in der Gemüseabteilung. Es gibt hier Karotten, Tomaten, Pilze, Gurken, Kohl und noch mehr Gemüse. Sie liegen in Kisten. Jack will einige Tomaten und Gurken nehmen. Er nimmt das Gemüse und wiegt es. Dann geht Jack zur Fleischabteilung. Er will ein Stück Wurst nehmen. Jack wählt eine Wurst. Es gibt auch Fisch, rohe und fertige Hühnchen, Würste und andere Fleischprodukte. Jack geht weiter. Er nimmt ein Paket Eier. In der Nähe der Fleischabteilung nimmt er auch ein Paket Zucker. Er nimmt auch ein Paket Nudeln und ein Paket Reis. In der Milchabteilung nimmt Jack einen Karton Milch und einen Becher Sahne. In der Backwarenabteilung gibt es viele verschiedene Brötchen und Brote. Jack nimmt ein Brot und zwei süße Brötchen. Er nimmt auch ein kleines Paket Kekse. Jack geht zur Kasse. Auf dem Weg nimmt er noch zwei Flaschen Orangensaft

коро́бку пече́нья. Джек направля́ется к ка́ссе. По пути́ он берёт две буты́лки со́ка. Сок апельси́новый. В буты́лке оди́н литр со́ка. Джек та́кже о́чень лю́бит чи́псы. Он берёт две па́чки. Он везёт теле́жку с проду́ктами к ка́ссе. На ка́ссе больша́я о́чередь. Джек стои́т в о́череди. Джек выкла́дывает проду́кты на сто́йку. Касси́р пробива́ет проду́кты. Джек хо́чет оплати́ть ба́нковской ка́ртой. Он даёт касси́ру ка́рту. Касси́р пробива́ет ка́рту, но она́ не де́йствует. Касси́р про́сит Дже́ка оплати́ть нали́чными. У него́ есть немно́го де́нег в кошельке́. Э́того хвата́ет. Джек распла́чивается с касси́ром. Касси́р даёт ему́ чек. Он выхо́дит из магази́на.

mit. Es gibt einen Liter Saft in einer Flasche. Jack liebt auch Chips. Er kauft zwei Päckchen. Er geht mit dem Einkaufswagen zur Kasse. Es gibt eine lange Schlange zur Kasse. Jack steht in der Schlange. Jack stellt die Lebensmittel auf den Ladentisch. Der Kassierer scannt die Produkte. Jack will mit der Kreditkarte zahlen. Er gibt dem Kassierer seine Kreditkarte. Der Kassierer steckt die Karte in die Maschine, aber die Karte funktioniert nicht. Der Kassierer bittet Jack, mit Bargeld zu bezahlen. Jack hat etwas Geld in seinem Portmonee. Es reicht. Jack bezahlt dem Kassierer. Der Kassierer gibt ihm eine Rechnung. Jack verlässt das Geschäft.

C

Вопро́сы и отве́ты

- Како́й сего́дня день?
- Сего́дня воскресе́нье.
- Джек сего́дня о́чень за́нят?
- Нет, у Дже́ка мно́го свобо́дного вре́мени.
- Куда́ сего́дня пойдёт Джек?
- Он реша́ет пойти́ в магази́н.
- Кото́рый сейча́с час?
- Сейча́с де́сять часо́в утра́.
- Заче́м Джек идёт в суперма́ркет?
- Он хо́чет купи́ть проду́ктов на неде́лю.

Fragen und Antworten

- Welcher Wochentag ist heute?
- Heute ist Sonntag.
- Ist Jack heute sehr beschäftigt?
- Nein, Jack hat viel Freizeit.
- Wohin geht Jack heute?
- Er entscheidet sich, ins Geschäft zu gehen.
- Wie spät ist es?
- Es ist zehn Uhr morgens.
- Warum geht Jack in den Supermarkt?
- Er will Lebensmittel für die Woche kaufen.
- Regnet es draußen?

- На у́лице идёт дождь?
- Нет, на у́лице хоро́шая пого́да. Све́тит со́лнце.
- По бульва́ру гуля́ют лю́ди?
- Да, по бульва́ру гуля́ет мно́го люде́й.
- Что берёт Джек на вхо́де в суперма́ркет?
- Джек берёт теле́жку.
- Что продаётся в отде́ле фру́ктов?
- Там есть бана́ны, я́блоки, апельси́ны, анана́сы, пе́рсики, клубни́ка и виногра́д.
- Что ну́жно Дже́ку в э́том отде́ле?
- Дже́ку нужны́ лимо́ны.
- Ско́лько лимо́нов кладёт он в полиэтиле́новый паке́т?
- Он кладёт три шту́ки.
- Что ещё берёт Джек?
- Он та́кже берёт ещё оди́н полиэтиле́новый паке́т и кладёт в него́ я́блоки.
- Ско́лько я́блок берёт Джек?
- Он берёт пять штук.
- Где Джек взве́шивает фру́кты?
- Джек взве́шивает фру́кты на веса́х.
- Что есть в отде́ле овоще́й?
- Там есть морко́вь, помидо́ры, грибы́, огурцы́, капу́ста и други́е о́вощи.
- В чём лежа́т о́вощи?
- Они́ нахо́дятся в я́щиках.
- Каки́е о́вощи нужны́ Дже́ку?
- Джек хо́чет взять немно́го помидо́ров и огурцо́в.

- Nein, draußen ist das Wetter gut. Die Sonne scheint.
- Spazieren Leute auf dem Boulevard?
- Ja, viele Leute spazieren auf dem Boulevard.
- Was nimmt Jack am Supermarkteingang mit?
- Er nimmt einen Einkaufswagen mit.
- Was wird in der Obstabteilung verkauft?
- Es gibt Bananen, Äpfel, Orangen, Ananasse, Pfirsiche, Erdbeeren und Trauben.
- Was braucht Jack in dieser Abteilung?
- Er braucht Zitronen.
- Wie viele Zitronen legt er in die Kunststofftüte?
- Er nimmt drei.
- Was nimmt Jack noch?
- Er nimmt noch eine Kunststofftüte und legt Äpfel dort.
- Wie viele Äpfel nimmt Jack?
- Er nimmt fünf.
- Wo wiegt Jack das Obst?
- Er wiegt das Obst auf der Waage.
- Was gibt es in der Gemüseabteilung?
- Es gibt Karotten, Tomaten, Pilze, Gurken, Kohl und noch mehr Gemüse.
- Wo liegt das Gemüse?
- Es liegt in Kisten.
- Was für Gemüse braucht Jack?
- Jack will einige Tomaten und Gurken nehmen.
- Nimmt Jack das Gemüse und geht weiter?

- Джек берёт о́вощи и идёт да́льше?
- Нет, он набира́ет о́вощи и взве́шивает их.
- Джек хо́чет взять в мясно́м отде́ле па́лку колбасы́?
- Да, Джек выбира́ет колбасу́.
- Каки́е ещё проду́кты берёт Джек?
- Он берёт коро́бку яи́ц, па́чку са́хара, па́чку макаро́н и па́чку ри́са.
- Джек пита́ется моло́чными проду́ктами?
- Да, в моло́чном отде́ле Джек берёт паке́т молока́ и паке́т смета́ны.
- В э́том суперма́ркете хоро́ший хле́бный отде́л?
- Да, в хле́бном отде́ле есть мно́го ра́зных сла́дких бу́лочек и хле́ба.
- Джек покупа́ет то́лько хлеб и́ли бу́лочки то́же?
- Джек берёт оди́н хлеб и две сла́дкие бу́лочки.
- Он лю́бит пече́нье?
- Да, он берёт одну́ ма́ленькую коро́бку пече́нья.
- Что ещё Джек берёт по пути́ к ка́ссе?
- По пути́ к ка́ссе он берёт две буты́лки со́ка.
- Како́й сок покупа́ет Джек?
- Сок апельси́новый.
- Ско́лько со́ка в буты́лке?
- В буты́лке оди́н литр со́ка.
- Лю́бит ли Джек чи́псы?

- Nein, er nimmt das Gemüse und wiegt es.
- Will Jack ein Stück Wurst in der Fleischabteilung nehmen?
- Ja, Jack wählt die Wurst.
- Welche Produkte nimmt Jack noch?
- Er nimmt einen Karton Eier, ein Paket Zucker, ein Paket Nudeln und ein Paket Reis.
- Isst Jack Milchprodukte?
- Ja, Jack nimmt einen Karton Milch und einen Becher Sahne in der Milchabteilung.
- Gibt es eine gute Backwarenabteilung im Supermarkt?
- Ja, in der Backwarenabteilung gibt es viele verschiedene Brötchen und Brote.
- Kauft Jack nur Brot oder kauft er noch Brötchen?
- Jack nimmt ein Brot und zwei süße Brötchen.
- Mag er Kekse?
- Ja, er nimmt ein kleines Paket Kekse.
- Was nimmt Jack noch auf dem Weg zur Kasse mit?
- Auf dem Weg zur Kasse nimmt er zwei Flaschen Saft mit.
- Welchen Saft kauft Jack?
- Orangensaft.
- Wieviel Saft gibt es in einer Flasche?
- In einer Flasche gibt es einen Liter Saft.
- Mag Jack Chips?

- Да, Джек о́чень лю́бит чи́псы. Он берёт две па́чки.
- На ка́ссе есть о́чередь?
- Да, на ка́ссе больша́я о́чередь.
- Джек не хо́чет стоя́ть в о́череди и ухо́дит без проду́ктов?
- Нет, Джек стои́т в о́череди.
- Куда́ он выкла́дывает проду́кты?
- Джек выкла́дывает проду́кты на сто́йку.
- Джек хо́чет оплати́ть нали́чными и́ли ба́нковской ка́ртой?
- Джек хо́чет оплати́ть ба́нковской ка́ртой. Он даёт касси́ру ка́рту.
- Ему́ удаётся оплати́ть проду́кты ка́ртой?
- Нет. Касси́р пробива́ет ка́рту, но она́ не де́йствует.
- О чём про́сит касси́р Дже́ка?
- Касси́р про́сит Дже́ка оплати́ть нали́чными.
- Есть ли у Дже́ка де́ньги?
- У него́ есть немно́го де́нег в кошельке́.
- Хвата́ет ли ему́ де́нег, что́бы расплати́ться?
- Да, де́нег хвата́ет. Джек распла́чивается с касси́ром.

- Ja, er liebt Chips. Er nimmt zwei Päckchen.
- Gibt es eine Schlange an der Kasse?
- Ja, es gibt eine lange Schlange an der Kasse.
- Will Jack nicht Schlange stehen und geht er ohne Lebensmittel weg?
- Nein, er steht Schlange.
- Wohin legt er die Produkte?
- Er legt die Produkte auf den Ladentisch.
- Will Jack mit Bargeld oder mit der Kreditkarte zahlen?
- Er will mit der Kreditkarte bezahlen. Er gibt dem Kassierer seine Karte.
- Gelingt es ihm, mit der Kreditkarte für die Produkte zu zahlen?
- Nein. Der Kassierer steckt die Karte in die Maschine, aber sie funktioniert nicht.
- Worum bittet der Kassierer Jack?
- Der Kassierer bittet Jack, mit Bargeld zu zahlen.
- Hat Jack Geld?
- Er hat etwas Geld in seinem Portmonee.
- Ist es genug, um für die Produkte zu bezahlen?
- Ja, es reicht. Jack bezahlt dem Kassierer.

D

Monate

Die Monate im Russischen sind sehr ähnlich den Monaten im Deutschen oder im Englischen. Das Geschlecht aller Monate im Russischen ist Maskulinum. Anmerkung: abgesehen vom Anfang des Satzes werden die Monate im Russischen klein geschrieben.

Зи́мние ме́сяцы - дека́брь, янва́рь, февра́ль. Wintermonate - Dezember, Januar, Februar.

Весе́нние ме́сяцы - ма́рт, апре́ль, май. Frühlingmonate - März, April, Mai.

Ле́тние ме́сяцы - ию́нь, ию́ль, а́вгуст. Sommermonate - Juni, Juli, August.

Осе́нние ме́сяцы - сентя́брь, октя́брь, ноя́брь. Herbstmonate - September, Oktober, November.

В ма́е мы бы́ли в Эрмита́же. Wir waren im Mai in Eremitage.

В декабре́ хо́лодно, но нет сне́га. Es ist kalt im Dezember, aber es gibt keinen Schnee.

С сентября́ она вы́шила 3 но́вых карти́ны. Sie hat 3 neue Bilder seit September gestickt.

Я нахожу́сь в Росси́и с ма́я. Ich bin in Russland seit Mai.

Deklination der Verben жить - leben, говорить - sprechen, работать - arbeiten

Я: Живу / Говорю / Работаю

Мы: Живём / Говори́м / Рабо́таем

Ты: Живёшь / Говори́шь / Рабо́таешь

Вы/вы: Живёте / Говори́те / Рабо́таете

Он/она́/оно́: Живёт / Говори́т / Рабо́тает

Они́: Живу́т / Говоря́т / Рабо́тают

Fragen nach Name

Как тебя́/Вас зову́т? Wie heißt du?Wie heißen Sie?

Как его́ зову́т? Wie heißt er?

Как её зову́т? Wie heißt sie?

Как их зову́т? Wie heißen Sie?

Sagen Name

Меня́ зову́т А́ня. Ich heiße Anja.

Его́ зову́т Евге́ний. Er heißt Eugen.

Её зову́т На́стя. Sie heißt Nastja.

Их зову́т Али́на и Михайл. Sie heißen Alina und Michael.

14

Растопи́ лёд
Brich das Eis

«Ма́ма, а како́й смартфо́н у тебя́ был, когда́ ты была́ ма́ленькая?» - спра́шивает ма́ленький сын свою́ ма́му.
«Совсе́м не́ было», - отвеча́ет его́ ма́ма.
«У тебя́ был планше́т?» - сно́ва спра́шивает он.
«Когда́ я была́ ма́ленькой, не́ было ни планше́тов, ни смартфо́нов», - говори́т ма́ма своему́ сы́ну. Её сын о́чень удивлён.
«Ма́ма, ты ви́дела диноза́вров, когда́ ты была́ ма́ленькая?» - сно́ва спра́шивает он.
«Нет, ми́лый. Я не така́я ста́рая».

„Mama, welches Smartphone hattest du, als du klein warst?“ ein kleiner Sohn fragt seine Mutter.
„Gar keins“, antwortet seine Mutter.
„Hattest du ein Tablet?“ fragt er wieder.
„Als ich klein war, gab es weder Tablets noch Smartphones“, sagt die Mutter zu ihrem Sohn. Ihr Sohn ist sehr überrascht.
„Mama, hast du Dinosaurier gesehen, als du ein kleines Kind warst?“ fragt er wieder.
„Nein, habe ich nicht, Lieber. So alt bin ich jetzt auch nicht.“

Сего́дня у меня́ четы́ре заня́тия

Heute habe ich vier Fächer

A

Слова́

1. аудито́рия - der Hörsaal
2. ба́бушка - die Oma, die alte Frau
3. библиоте́карь - der Bibliothekar
4. биоло́гия - die Biologie
5. Брюссе́ль - Brüssel
6. верну́ть - zurückgeben
7. ве́чер - der Abend
8. внима́тельно - aufmerksam
9. во - in,
10. выпи́сывать - ausschreiben
11. геогра́фия - die Geographie, die Erdkunde
12. двена́дцатый - zwölfter
13. де́душка - der Opa, der alte Mann
14. декана́т - das Dekanat
15. дли́ться - dauern
16. доска́ - das Brett
17. достава́ть - greifen
18. жа́рко - heiß
19. журна́л - die Zeitschrift
20. за́втрак - das Frühstück
21. заня́тие - das Unterricht, die Kurse, die Fächer
22. запи́сывать - notieren
23. интере́сно - interessant
24. исто́рия - die Geschichte
25. кабине́т - das Büro
26. каранда́ш - der Bleistift

27. конспéкт - die Zusammenfassung, das Resümee
28. контрóльная - die Prüfung
29. лёгкий - leicht
30. лéкция - der Unterricht, die Fächer
31. линéйка - das Lineal
32. мел - die Kreide
33. мир - der Frieden; die Welt
34. надевáть - anziehen
35. начáло - der Anfang
36. начáться - anfangen, beginnen
37. океáн - der Ozean
38. остáться - bleiben
39. откры́ть - öffnen
40. пáра - das Paar
41. переры́в - die Pause
42. подготóвиться - sich vorbereiten
43. полторá - anderthalb
44. прáвило - die Regel
45. предмéт - das Fach; das Ding
46. преподавáтель - der Lehrer
47. про - über
48. слéдующий - nächster
49. страни́ца - die Seite
50. ступéнька - die (Treppen)Stufe
51. счёт - die Rechnung
52. сэ́ндвич - das belegte Brot
53. устáть - müde werden
54. учéбник - das Lehrbuch
55. фи́зика - die Physik
56. фóрмула - die Formel
57. четвёртый - vierter

Сегóдня я идý в университéт. Я дóлжен быть там в вóсемь три́дцать. Я одевáюсь. На ýлице жáрко. Поэ́тому я надевáю лёгкую одéжду. Затéм я зáвтракаю. На зáвтрак я ем сэ́ндвич и пью чай. Я собирáю вéщи. В университéт я берý с собóй тетрáди, рýчку, карандáш, линéйку и учéбник по истóрии. Я выхожý из дóма и идý к остановке. Я добирáюсь на автóбусе до университéта. Я ви́жу университéт. Вóзле вхóда стои́т мнóго студéнтов. Я подхожý к двéри и захожý в университéт. Сегóдня у меня́ четы́ре

Heute gehe ich zur Universität. Ich muss dort um halb neun sein. Ich ziehe mich an. Draußen ist es heiß, deshalb nehme ich dünne Kleidung. Dann esse ich das Frühstück. Zum Frühstück esse ich ein belegtes Brot und trinke ich Tee. Ich sammle meine Sachen ein. Ich nehme mein Heft, einen Kugelschreiber, einen Bleistift, ein Lineal und ein Geschichtslehrbuch mit zur Universität. Ich verlasse die Wohnung und gehe zur Bushaltestelle. Ich steige in den Bus ein und fahre zur Universität. Ich sehe die Universität. Neben dem Eingang gibt es viele Studenten. Ich gehe zur Tür

заня́тия. Пе́рвое - фи́зика, второ́е - исто́рия, тре́тье - биоло́гия и четвёртое - англи́йский. Мне ну́жно в аудито́рию фи́зики. Я поднима́юсь по ступе́нькам на второ́й эта́ж. Я иду́ к аудито́рии фи́зики. Во́зле аудито́рии стои́т мно́го студе́нтов. До нача́ла заня́тия остаётся де́сять мину́т. Я захожу́ в аудито́рию и сажу́сь на стул. Во́зле меня́ сиди́т мой друг Майк. Он у́чится о́чень хорошо́. Наш преподава́тель зашёл. Его́ зову́т господи́н Стивен. Он берёт мел. Господи́н Стивен пи́шет те́му на доске́. Студе́нты достаю́т тетра́ди и ру́чки. Мы запи́сываем те́му. Зате́м господи́н Стивен раздаёт нам книги по фи́зике. Он про́сит нас откры́ть книги на двена́дцатой страни́це. Мы запи́сываем в тетра́дь фо́рмулы и пра́вила. Господи́н Стивен расска́зывает нам те́му. Мы слу́шаем его́ внима́тельно. Ле́кция дли́тся полтора́ часа́. Зате́м я выхожу́ из аудито́рии. Начался́ переры́в. Переры́в дли́тся пятна́дцать мину́т. Сле́дующее заня́тие по исто́рии. Мне ну́жно на тре́тий эта́ж. Кабине́т исто́рии нахо́дится там. Я поднима́юсь на тре́тий эта́ж и захожу́ в кабине́т. На́шего преподава́теля зову́т господи́н О́ливен. Он сиди́т за столо́м и чита́ет газе́ту. На доске́ в кабине́те виси́т больша́я ка́рта. Студе́нты захо́дят в кабине́т и садя́тся на места́. Ле́кция

und trete ein. Heute habe ich vier Fächer. Das erste - Physik, das zweite - Geschichte, das dritte - Biologie, das vierte - Englisch. Ich muss zum Hörsaal für die Physikunterricht gehen. Ich gehe treppauf bis zur zweiten Etage. Viele Studenten stehen vor dem Hörsaal. Das Unterricht fängt in zehn Minuten an. Ich gehe in den Hörsaal und setze mich. Neben mir sitzt mein Freund Mike. Er hat sehr gute Noten. Der Lehrer kommt herein. Er heißt Herr Steven. Er nimmt die Kreide und schreibt das Thema auf die Tafel. Studenten nehmen ihre Hefte und Kugelschreiber heraus. Wir notieren das Thema. Herr Steven gibt uns dann unsere Physiklehrbücher. Er bittet uns, die Bücher auf der zwölften Seite zu öffnen. Wir notieren die Formeln und Regeln in unseren Heften. Herr Steven erklärt uns das Thema. Wir hören aufmerksam. Das Unterricht dauert anderthalb Stunden. Dann verlasse ich den Hörsaal. Die Pause beginnt. Die Pause dauert fünfzehn Minuten. Dann ist die Geschichte. Ich muss auf die dritte Etage gehen. Dort ist der Raum für Geschichte. Ich gehe treppauf und dann in den Saal. Unser Lehrer heißt Herr Oliven. Er sitzt am Tisch und liest eine Zeitung. Eine große Landkarte hängt an der Tafel in seinem Raum. Studenten kommen in den Saal und setzen sich auf ihre Plätze. Die Vorlesung fängt an. Der

начина́ется. Наш преподава́тель смо́трит на ка́рту. Он расска́зывает нам исто́рию го́рода Брюссе́ля. Зате́м он запи́сывает те́му на доске́. Ле́кция дли́тся полтора́ часа́. Зате́м мы выхо́дим из кабине́та. Начина́ется большо́й переры́в. Он дли́тся три́дцать мину́т. Я выхожу́ из университе́та и иду́ в кафе́. Мой друг Майк идёт со мной. Кафе́ нахо́дится ря́дом. Мы захо́дим в кафе́. Я зака́зываю себе́ пи́ццу и ко́фе. Я сижу́ в кафе́ с Майком два́дцать мину́т. Зате́м я опла́чиваю счёт за еду́ официа́нту и выхожу́ из кафе́. Тре́тье заня́тие по биоло́гии. Я люблю́ ходи́ть на ле́кции по биоло́гии. Наш преподава́тель господи́н Кри́стин расска́зывает о́чень интере́сно. Па́ра дли́тся полтора́ часа́. Зате́м я иду́ в кабине́т англи́йского. Я хорошо́ зна́ю англи́йский. Мои́ ба́бушка и де́душка живу́т в А́нглии. Я ча́сто приезжа́ю к ним в го́сти. По́сле заня́тий я ду́маю пойти́ в библиоте́ку. За́втра у меня́ контро́льная рабо́та по геогра́фии. Поэ́тому мне ну́жно хорошо́ подгото́виться. Я хочу́ взять кни́ги об океа́нах ми́ра. Мне ну́жно сде́лать конспе́кт. Библиоте́ка нахо́дится в на́шем университе́те. Она́ на четвёртом этаже́. Я захожу́ в библиоте́ку. В библиоте́ке сиди́т мно́го студе́нтов. Они́ чита́ют и запи́сывают конспе́кты.

Lehrer schaut auf die Karte. Er erzählt uns die Geschichte der Stadt Brüssel. Dann schreibt er das Thema an die Tafel. Die Vorlesung dauert anderthalb Stunden. Wir gehen aus dem Saal. Die lange Pause fängt an. Sie dauert eine halbe Stunde. Ich gehe aus der Universität und in ein Café. Mein Freund Mike kommt mit. Das Café liegt in der Nähe. Wir kommen in das Café. Ich bestelle Pizza und Kaffee. Ich sitze mit Mike zwanzig Minute lang im Café. Dann bezahle ich den Kellner und gehe nach draußen. In der dritten Stunde haben wir Biologie. Ich liebe es, zu Biologievorlesungen zu gehen. Unser Lehrer Herr Christin erzählt sehr interessante Dinge. Die Vorlesung dauert anderthalb Stunden. Dann gehe ich zum Englischunterricht. Ich spreche Englisch gut. Meine Großeltern wohnen in England. Ich fahre oft dorthin, um sie zu besuchen. Ich denke daran, nach dem Unterricht in die Bibliothek zu gehen. Morgen habe ich einen Test in Geographie, ich muss mich also gut vorbereiten. Ich will ein Buch über die Ozeane der Welt ausleihen. Ich muss eine Zusammenfassung schreiben. Die Bibliothek befindet sich in unserer Universität. Sie ist in der vierten Etage. Ich gehe in die Bibliothek. Viele Studenten sitzen dort. Sie lesen und machen Notizen. Es ist schon vier Uhr nachmittags. Ich bin müde. Ich will die Bücher nach Hause

Уже́ четы́ре часа́ ве́чера. Я уста́л. Поэ́тому я хочу́ взять кни́ги домо́й. Я подхожу́ к библиоте́карю. Я прошу́ показа́ть мне кни́ги про океа́ны. Библиоте́карь пока́зывает мне три кни́ги. Я смотрю́ кни́ги. Я решаю взять две из них домо́й. Я та́кже беру́ оди́н журна́л. Я выпи́сываю кни́ги и журна́л. Библиоте́карь говори́т, что я до́лжен верну́ть кни́ги и журна́л че́рез три неде́ли. Я беру́ кни́ги и журна́л и иду́ домо́й.

mitnehmen. Ich gehe zum Bibliothekar. Ich bitte ihn, mir ein Buch über die Ozeane zu zeigen. Der Bibliothekar zeigt mir drei Bücher. Ich schaue sie an. Ich entscheide mich, zwei Bücher mitzunehmen. Ich nehme auch eine Zeitschrift. Ich leihe die Bücher und die Zeitschrift aus. Der Bibliothekar sagt, dass ich die Bücher und die Zeitschrift in drei Wochen zurückgeben soll. Ich nehme die Bücher und die Zeitschrift und gehe nach Hause.

C

Вопро́сы и отве́ты

- Куда́ ты идёшь сего́дня?
- Сего́дня я иду́ в университе́т.
- В кото́ром часу́ ты до́лжен там быть?
- Я до́лжен быть там в во́семь три́дцать.
- Почему́ ты надева́ешь лёгкую оде́жду?
- Я надева́ю лёгкую оде́жду, потому́ что на у́лице жа́рко.
- Что ты ешь на за́втрак?
- На за́втрак я ем сэ́ндвич и пью чай.
- Что ты берёшь с собо́й в университе́т?
- В университе́т я беру́ тетра́ди, ру́чку, каранда́ш, лине́йку и уче́бник по исто́рии.
- До университе́та ты добира́ешься пешко́м и́ли на авто́бусе?
- Я добира́юсь до университе́та на авто́бусе.

Fragen und Antworten

- Wohin gehst du heute?
- Ich gehe zur Universität.
- Wie spät musst du dort sein?
- Ich muss um halb neun dort sein.
- Warum nimmst du dünne Kleidung?
- Ich nehme dünne Kleidung, weil es draußen heiß ist.
- Was isst du zum Frühstück?
- Ich esse ein belegtes Brot und trinke Tee zum Frühstück.
- Was nimmst du mit zur Universität?
- Ich nehme ein Heft, einen Kugelschreiber, einen Bleistift, ein Lineal und das Geschichtslehrbuch mit.
- Gehst du zur Universität zu Fuß oder fährst du mit dem Bus?
- Ich fahre mit dem Bus zur Universität.

- Ско́лько заня́тий у тебя́ сего́дня?
- Сего́дня у меня́ четы́ре заня́тия.
- По каки́м предме́там у тебя́ заня́тия?
- По фи́зике, исто́рии, биоло́гии и англи́йскому языку́.
- На како́й эта́ж ты поднима́ешься?
- Я поднима́юсь по ступе́нькам на второ́й эта́ж.
- Ты идёшь к декана́ту?
- Нет, я иду́ к аудито́рии фи́зики.
- Ско́лько мину́т остаётся до нача́ла заня́тия?
- До нача́ла заня́тия остаётся де́сять мину́т.
- Кто сиди́т во́зле тебя́?
- Во́зле меня́ сиди́т мой друг Майк.
- Хорошо́ ли он у́чится?
- Да, он у́чится о́чень хорошо́.
- Как зову́т ва́шего преподава́теля?
- Его́ зову́т господи́н Стивен.
- С чего́ господи́н Стивен начина́ет заня́тие?
- Господи́н Стивен пи́шет те́му на доске́.
- Что раздаёт вам господи́н Стивен?
- Господи́н Стивен раздаёт нам кни́ги по фи́зике.
- На како́й страни́це вы открыва́ете кни́ги?
- Мы открыва́ем кни́ги на двена́дцатой страни́це.
- Что вы запи́сываете в тетра́дь?
- Мы запи́сываем в тетра́дь фо́рмулы и пра́вила.

- Wie viele Stunden Unterricht hast du heute?
- Heute habe ich vier Stunden.
- Welche Fächer studierst du?
- Physik, Geschichte, Biologie und Englisch.
- Zu welcher Etage musst du gehen?
- Ich gehe treppauf zur zweiten Etage.
- Gehst du zum Dekan?
- Nein, ich gehe in den Physikhörsaal.
- Wie viele Minuten bleiben noch zum Anfang des Unterrichts?
- Zehn Minuten bleiben noch zum Unterricht.
- Wer sitzt neben dir?
- Mein Freund Mike sitzt neben mir.
- Hat er gute Noten?
- Ja, er hat sehr gute Noten.
- Wie heißt dein Lehrer?
- Sein Name ist Herr Steven.
- Wie beginnt Herr Steven die Unterricht?
- Er schreibt das Thema an die Tafel.
- Was gibt Herr Steven aus?
- Er gibt Physiklehrbücher aus.
- Auf welcher Seite öffnet ihr das Buch?
- Wir öffnen das Buch auf der zwölften Seite.
- Was notiert ihr in euren Heften?
- Wir notieren Formeln und Regeln in unseren Heften.
- Hört ihr Herrn Steven aufmerksam zu?
- Ja, wir hören ihm aufmerksam zu.
- Wie lange dauert das Unterricht?

- Вы внима́тельно слу́шаете господи́на Стивена?
- Да, мы слу́шаем его́ внима́тельно.
- Ско́лько вре́мени дли́тся ле́кция?
- Ле́кция дли́тся полтора́ часа́.
- Ско́лько дли́тся переры́в?
- Переры́в дли́тся пятна́дцать мину́т.
- На како́м этаже́ нахо́дится кабине́т исто́рии?
- Кабине́т исто́рии нахо́дится на тре́тьем этаже́.
- Как зову́т ва́шего преподава́теля?
- На́шего преподава́теля зову́т господи́н О́ливен.
- Что он де́лает во вре́мя переры́ва?
- Он сиди́т за столо́м и чита́ет газе́ту.
- Что виси́т на доске́ в кабине́те исто́рии?
- На доске́ в кабине́те виси́т больша́я ка́рта.
- О чём расска́зывает вам преподава́тель?
- Он расска́зывает нам исто́рию го́рода Брюссе́ля.
- Ско́лько дли́тся большо́й переры́в?
- Он дли́тся три́дцать мину́т.
- Кто идёт с тобо́й в кафе́?
- Мой друг Майк идёт со мной.
- До кафе́ идти́ далеко́?
- Нет, кафе́ нахо́дится ря́дом.
- Что ты зака́зываешь?
- Я зака́зываю пи́ццу и ко́фе.
- Ско́лько вре́мени вы сиди́те в кафе́?

- Das Unterricht dauert anderthalb Stunden.
- Wie lang ist die Pause?
- Die Pause dauert fünfzehn Minuten.
- Auf welcher Etage ist der Raum für Geschichtsunterricht?
- Der Raum ist in der dritten Etage.
- Wie heißt euer Lehrer?
- Sein Name ist Herr Oliven.
- Was macht er während der Pause?
- Er sitzt am Tisch und liest eine Zeitung.
- Was hängt an der Tafel im Raum für den Geschichtsunterricht?
- Eine große Landkarte hängt an der Tafel.
- Worüber spricht der Lehrer?
- Er erzählt die Geschichte der Stadt Brüssel.
- Wie lange dauert die große Pause?
- Sie dauert dreißig Minuten.
- Wer geht mit dir ins Café?
- Mein Freund Mike geht mit.
- Ist das Café weit?
- Nein, es ist nah.
- Was bestellst du?
- Ich bestelle Pizza und Kaffee.
- Wie lange sitzt ihr im Café?
- Ich sitze mit Mike zwanzig Minuten lang im Café.
- Wen bezahlst du für das Essen?
- Ich bezahle den Kellner.
- Magst du Biologieunterricht?

- Я сижу́ в кафе́ с Майком два́дцать мину́т.
- Кому́ ты опла́чиваешь счёт за еду́?
- Я опла́чиваю счёт за еду́ официа́нту.
- Тебе́ нра́вятся ле́кции по биоло́гии?
- Да, я люблю́ ходи́ть на ле́кции по биоло́гии.
- Ва́шего преподава́теля зову́т господи́н Кри́стин?
- Да, его́ зову́т господи́н Кри́стин.
- Он интере́сно расска́зывает?
- Да, наш преподава́тель господи́н Кри́стин расска́зывает о́чень интере́сно.
- Ты зна́ешь англи́йский язы́к?
- Да, я хорошо́ зна́ю англи́йский.
- Где живу́т твои́ ба́бушка и де́душка?
- Мои́ ба́бушка и де́душка живу́т в А́нглии.
- Ты е́здишь к ним в го́сти?
- Да, я ча́сто приезжа́ю к ним в го́сти.
- Куда́ ты ду́маешь пойти́ по́сле заня́тий?
- По́сле заня́тий я ду́маю пойти́ в библиоте́ку.
- По како́му предме́ту у тебя́ за́втра контро́льная рабо́та?
- За́втра у меня́ контро́льная рабо́та по геогра́фии.
- Ну́жно ли тебе́ к ней подгото́виться?
- Да, мне ну́жно хорошо́ подгото́виться.
- Каки́е книги ты хо́чешь взять в библиоте́ке?
- Я хочу́ взять кни́ги об океа́нах ми́ра.
- Заче́м тебе́ э́ти кни́ги?

- Ja, ich mag es, zum Biologieunterricht zu gehen.
- Heißt dein Lehrer Herr Christin?
- Ja, er heißt Herr Christin.
- Erzählt er alles auf eine interessante Art?
- Ja, unser Lehrer Herr Christin macht alles sehr interessant.
- Sprichst du Englisch?
- Ja, ich spreche Englisch.
- Wo sind deine Großeltern?
- Meine Großeltern wohnen in England.
- Besuchst du sie?
- Ja, ich besuche sie oft.
- Wohin willst du nach dem Unterricht gehen?
- Ich denke daran, in die Bibliothek zu gehen.
- In welchem Fach hast du morgen einen Test?
- Morgen habe ich einen Test in Geographie.
- Musst du dich vorbereiten?
- Ja, ich muss mich gut vorbereiten.
- Welche Bücher musst du aus der Bibliothek verleihen?
- Ich brauche ein Buch über die Ozeane der Welt.
-Wofür brauchst du diese Bücher?
- Ich muss eine Zusammenfassung schreiben.
- Wo ist die Bibliothek?

- Мне ну́жно сде́лать конспе́кт.
- Где нахо́дится библиоте́ка?
- Библиоте́ка нахо́дится в на́шем университе́те на четвёртом этаже́.
- Мно́го ли студе́нтов в библиоте́ке?
- В библиоте́ке сиди́т мно́го студе́нтов.
- Чем они́ за́няты?
- Они́ запи́сывают конспе́кты и чита́ют.
- Ты берёшь кни́ги и сади́шься писа́ть конспе́кт в библиоте́ке?
- Нет, я уста́л, по́этому я хочу́ взять кни́ги домо́й.
- О чём ты про́сишь библиоте́каря?
- Я прошу́ показа́ть мне кни́ги об океа́нах.
- Ско́лько книг ты реша́ешь взять домо́й?
- Я решаю взять две кни́ги домо́й.
- Берёшь ли ты ещё журна́л?
- Да, я та́кже беру́ оди́н журна́л.
- Когда́ ты до́лжен верну́ть кни́ги и журна́л?
- Библиоте́карь говори́т, что я до́лжен верну́ть кни́ги и журна́л че́рез три неде́ли.

- Die Bibliothek befindet sich in unserer Universität auf der vierten Etage.
- Wie viele Studenten gibt es in der Bibliothek?
- Es gibt viele Studenten in der Bibliothek.
- Was machen sie?
- Sie lesen und machen Notizen.
- Nimmst du ein Buch und setzst du dich, um eine Zusammenfassung zu schreiben?
- Nein, ich bin müde, also will ich die Bücher nach Hause mitnehmen.
- Worum bittest du den Bibliothekar?
- Ich bitte ihn, mir ein Buch über die Ozeane zu zeigen.
- Wie viele Bücher willst du nach Hause mitnehmen?
- Ich entscheide mich, zwei Bücher mitzunehmen.
- Nimmst du auch eine Zeitschrift?
- Ja, ich nehme auch eine Zeitschrift.
- Wann musst du die Bücher und die Zeitschrift zurückgeben?
- Der Bibliothekar sagt, ich muss die Bücher und die Zeitschrift in drei Wochen zurückgeben.

Komparativ der Adjektive

Der Komparativ der Adjektive bildet sich durch die Endungen -ее (-ей), -е, -ше: дли́нный (lang) - длинне́е/длинне́й (länger), краси́вый (schön) - красиве́е/красиве́й (schöner), то́нкий (dünn) - то́ньше (dünner). Die Ausnahmen sind: хоро́ший (gut) - лу́чше (besser), плохо́й (schlecht) - ху́же (schlechter).

Man kann den Komparativ auch durch die Wörter бо́лее (mehr), ме́нее (weniger) bilden:

у́мный (klug) - бо́лее/ме́нее у́мный (mehr/weniger klug), ни́зкий (niedrig) - бо́лее/ме́нее ни́зкий (niedriger/weniger niedrig), дружелю́бный (freundlich) - бо́лее/ме́нее дружелю́бный (mehr/weniger freundlich):
Евге́ний встаёт ра́ньше, чем я. Eugen steht früher auf als ich.
Э́та програ́мма бо́лее интере́сная, чем та. Dieses Programm ist interessanter als jenes.

Superlativ der Adjektive

Der Superlativ der Adjektive bildet sich durch die Endungen -ейший, -айший: умне́йший (der klügste), сильне́йший (der stärkste): Он умне́йший челове́к. Er ist der klügste Mensch.
Man kann Superlativ auch durch die Wörter са́мый, наибо́лее, наиме́нее: у́мный (klug) - са́мый у́мный/наибо́лее у́мный (der klügste), наиме́нее у́мный (der am wenigsten kluge).
Са́мое хоро́шее кафе́ на́шего го́рода нахо́дится на ул. Пу́шкина. Das beste Café unserer Stadt befindet sich in der Puschkinstrasse.
Ле́на са́мая у́мная учени́ца на́шего кла́сса. Lena ist die beste Schülerin unserer Klasse.

15

Растопи́ лёд
Brich das Eis

Ма́ленький Ро́берт игра́ет на де́тской площа́дке.
«Ро́берт, иди́ домо́й!» - зовёт его́ ма́ма.
Ро́берт смо́трит на свою́ ма́му.
«Я уста́л?» - спра́шивает он свою́ ма́му.
«Нет, ми́лый», - отвеча́ет ма́ма Ро́берта.
«Мне хо́лодно?» - сно́ва спра́шивает он.
«Нет ми́лый. Ты го́лоден», - говори́т ма́ма.
«Хорошо́ ма́ма! Я иду́!» - ра́достно говори́т Ро́берт и бы́стро убега́ет домо́й.

Der kleine Robert spielt auf dem Spielplatz.
„Robert, komm nach Hause!“ ruft seine Mutter. Robert sieht zu seiner Mutter auf.
„Bin ich müde?“ fragt er seine Mutter.
„Nein, Lieber“, antwortet Roberts Mutter.
„Ist mir kalt?“ fragt er wieder.
„Nein, Schatz. Du hast Hunger“, sagt die Mutter.
„Okay, Mama! Ich komme!“ sagt Robert glücklich und rennt schnell nach Hause.

Джек хо́чет найти́ рабо́ту на полста́вки

Jack will eine Teilzeitarbeit finden

Слова́

1. акти́вный - aktiv
2. анке́та - der Fragebogen
3. води́тельские права - Führerschein
4. во́зраст - das Alter
5. выполня́ть - machen
6. голла́ндец - der Niederländer
7. голла́ндский - niederländisch
8. гру́зчик - der Transportarbeiter, der Packer
9. де́вушка - das Mädchen
10. жела́ть - wünschen
11. жена́тый - verheiratet
12. запо́лненный - ausgefüllt
13. заполня́ть - ausfüllen
14. зараба́тывать - verdienen
15. здра́вствуйте - Hallo
16. и́мя - der Name
17. ли́чный - persönlich
18. мужско́й - männlich
19. на́вык - die Fertigkeit, die Kenntnis
20. нести́ - tragen
21. обеща́ть - versprechen
22. образова́ние - die Ausbildung, die Erziehung
23. общи́тельный - gesellig
24. о́пыт - die Erfahrung
25. подрабо́тка - die Teilzeitarbeit
26. по́лный - voll
27. положе́ние - der Stand, der Status
28. полста́вки - (in) Teilzeit
29. пра́ва - die Rechte
30. предложи́ть - anbieten

31. пре́жде - früher
32. рабо́чий - Arbeits-
33. рекла́ма - die Werbung
34. руководи́тель - der Leiter, der Chef
35. свобо́дно - fließend
36. семе́йный - Familien-
37. сидя́щий - Sitz-
38. спаси́бо - danke
39. стать - werden
40. стуча́ться - klopfen
41. телефо́н - das Telefon
42. трудоустро́йство - die Anstellung
43. устро́иться - sich einrichten
44. устро́иться на рабо́ту - einen Job finden
45. фами́лия - der Familienname
46. физи́ческая рабо́та - die Handarbeit
47. челове́к - die Person, der Mensch

B

У Дже́ка ма́ло де́нег. Он хо́чет подраба́тывать. У него́ есть свобо́дное вре́мя по́сле заня́тий в университе́те. Его́ друг Майк рабо́тает гру́зчиком в одно́м из суперма́ркетов по́сле заня́тий в университе́те. Майк получа́ет три́дцать е́вро в день. Джек спра́шивает у Ма́йка, где он нашёл э́ту рабо́ту. Майк говори́т Дже́ку, что он ходи́л в аге́нтство по трудоустро́йству. Там ему́ предложи́ли э́ту рабо́ту. Майк даёт Дже́ку а́дрес аге́нтства. Джек та́кже реша́ет пойти́ в аге́нтство по трудоустро́йству. Аге́нтство нахо́дится в це́нтре го́рода. Джек добира́ется туда́ на метро́. Он бы́стро нахо́дит аге́нтство. На вхо́де виси́т мно́го рекла́мы о рабо́те для студе́нтов. Джек захо́дит. Там он ви́дит большу́ю о́чередь. Э́то лю́ди, кото́рые та́кже хотя́т получи́ть рабо́ту. Они́ стоя́т у окна́ спра́вочной. Лю́ди беру́т анке́ты

Jack hat wenig Geld. Er will eine Teilzeitarbeit finden. Er hat Freizeit nach dem Unterricht. Sein Freund Mike arbeitet als Lader in einem Supermarkt nach der Universität. Mike verdient dreißig Euro pro Tag. Jack fragt Mike, wie er diese Arbeit gefunden hat. Mike sagt Jack, dass es bei der Arbeitsagentur gewesen ist. Dort wurde ihm die Arbeit angeboten. Mike gibt Jack die Adresse der Agentur. Jack entscheidet sich, zur Arbeitsagentur zu gehen. Die Agentur befindet sich im Zentrum. Jack fährt dorthin mit der U-Bahn. Er findet das Büro schnell. Am Eingang hängen viele Anzeigen für Studentenarbeit. Jack kommt hinein. Dort sieht er eine lange Schlange. Es sind Leute, die auch eine Arbeit finden wollen. Sie stehen neben dem Schalter. Die Menschen nehmen Personalfragebogen mit. Jack stellt sich

для ли́чных да́нных. Джек стано́вится в о́чередь. Прохо́дит пятна́дцать мину́т, о́чередь Дже́ка подхо́дит.
«Здра́вствуйте, меня́ зову́т Ли́за», - говори́т де́вушка в спра́вочной Дже́ку.
«Здра́вствуйте. О́чень прия́тно. Я Джек», - отвеча́ет Джек.
«Вы и́щете рабо́ту?», - спра́шивает его́ де́вушка.
«Да», - отвеча́ет Джек.
«Вам нужна́ рабо́та на по́лный рабо́чий день и́ли на полста́вки?» - спра́шивает де́вушка.
«Я студе́нт и хочу́ рабо́тать по́сле заня́тий», - отвеча́ет Джек.
«Тогда́ возьми́те и запо́лните э́ту анке́ту для студе́нтов. Когда́ запо́лните анке́ту отнеси́те её руководи́телю отде́ла», - говори́т ему́ де́вушка и даёт анке́ту.
«Спаси́бо», - отвеча́ет Джек и берёт анке́ту.
Джек берёт ру́чку и заполня́ет анке́ту.
Ва́ше и́мя - Джек
Фами́лия - Строман
Пол - Мужско́й
Во́зраст - Девятна́дцать лет
Национа́льность - Голла́ндец
Семе́йное положе́ние - Не жена́т
Образова́ние - Учу́сь в университе́те техноло́гий и диза́йна.
Где вы рабо́тали пре́жде? - Я не рабо́тал.
Како́й о́пыт и на́выки у вас есть? - Я акти́вный и общи́тельный челове́к, могу́

an das Ende der Schlange. In fünfzehn Minuten ist er an der Reihe.
„Hallo, ich bin Lisa", sagt das Mädchen im Schalter zu Jack.
„Hallo, ich bin Jack", sagt Jack.
„Suchst du eine Arbeit?", fragt ihn das Mädchen.
„Ja", antwortet Jack.
„Willst du eine Vollzeitarbeit oder eine Teilzeitarbeit?", fragt das Mädchen.
„Ich studiere und will nach dem Unterricht arbeiten", sagt Jack.
„Nimm, bitte, den Fragebogen für Studenten und fülle ihn aus. Wenn der Fragebogen ausgefüllt ist, gib ihn der Abteilungschefin", sagt das Mädchen und gibt ihm einen Fragebogen.
„Danke", sagt Jack und nimmt den Fragebogen.
Jack nimmt einen Kugelschreiber und füllt den Fragebogen aus.
Name - Jack
Familienname - Stroman
Geschlecht - männlich
Alter - neunzehn Jahre alt
Staatsangehörigkeit - niederländisch
Familienstand - ledig
Ausbildung - Ich studiere an der Universität für Technologie und Design.
Frühere Arbeit - Ich habe nicht gearbeitet.
Welche Kenntnisse und Erfahrungen haben Sie? - Ich bin eine aktive und

выполня́ть физи́ческую рабо́ту. Та́кже могу́ выполня́ть рабо́ту на компью́тере.
Языки́ (0 - нет, 10 - свобо́дно) -
Англи́йский 7, немецкий 10, голла́ндский 10
Води́тельские права́ - Нет
Вы жела́ете зараба́тывать - 30-40 е́вро в день
Ваш но́мер телефо́на - +3456787487
Джек берёт анке́ту и идёт в кабине́т к руководи́телю отде́ла. Он стучи́тся и захо́дит в кабине́т.
«Здра́вствуйте, меня́ зову́т Джек. Мне сказа́ли отда́ть руководи́телю отде́ла мою́ анке́ту», говори́т Джек де́вушке, сидя́щей за столо́м.
«Здра́вствуйте, моё и́мя Е́ва Штеген. Я руководи́тель э́того отде́ла. Вы мо́жете отда́ть мне свою́ анке́ту».
«Хорошо́, - отвеча́ет Джек, отдава́я свою́ анке́ту. - Когда́ я смогу́ получи́ть рабо́ту?»
«Мы позвони́м Вам, когда́ найдём для Вас рабо́ту».

gesellige Person. Ich kann manuelle Arbeiten machen. Ich kann auch mit dem Computer arbeiten.
Sprachen (0 - nicht, 10 - fließend) -
Englisch - 7, Deutsch - 10, Niederländisch - 10
Führerschein - nein
Lohnerwartung - 30-40 Euro pro Tag
Telefonnummer - +3456787487
Jack nimmt den Fragebogen und geht zum Büro der Abteilungschefin. Er klopft und tritt ein.
„Guten Tag, ich heiße Jack. Man hat mir gesagt, meinen Fragebogen der Abteilungschefin abzugeben", sagt Jack zu der Frau, die am Schreibtisch sitzt.
„Guten Tag, ich heiße Eva Steg. Ich bin die Abteilungschefin. Bitte geben sie mir den Fragebogen", sie antwortet.
„Bitte", sagt Jack und gibt ihr seinen Fragebogen. "Wann kann ich eine Arbeit erwarten?"
„Wir werden Sie anrufen, wenn wir für Sie eine Arbeit finden," sie sagt.

C

Вопро́сы и отве́ты

- Мно́го ли у Дже́ка де́нег?
- Нет, у Дже́ка ма́ло де́нег.
- Джек хо́чет устро́иться на рабо́ту?
- Да, он хо́чет подраба́тывать. Есть ли у него́ вре́мя для подрабо́тки?

Fragen und Antworten

- Hat Jack viel Geld?
- Nein, Jack hat wenig Geld.
- Will Jack eine Arbeit finden?
- Ja, er will Geld verdienen.
- Hat er Zeit für eine Teilzeitarbeit?

- Да, у него́ есть свобо́дное вре́мя по́сле заня́тий в университе́те.
- Кем рабо́тает его́ друг Майк?
- Его́ друг Майк рабо́тает гру́зчиком в одно́м из суперма́ркетов по́сле заня́тий в университе́те.
- Ско́лько де́нег получа́ет Майк?
- Майк получа́ет три́дцать е́вро в день.
- Джек спра́шивает у Ма́йка, где он нашёл рабо́ту?
- Да, Майк даёт Дже́ку а́дрес аге́нтства по трудоустро́йству.
- Где нахо́дится э́то аге́нтство?
- Аге́нтство нахо́дится в це́нтре го́рода.
- Джек е́дет туда́ на авто́бусе?
- Нет, Джек добира́ется туда́ на метро́.
- Что Джек ви́дит на вхо́де в аге́нтство?
- На вхо́де виси́т мно́го рекла́мы о рабо́те для студе́нтов.
- В аге́нтстве мно́го люде́й?
- Да, там он ви́дит дли́нную о́чередь.
- Кто все э́ти лю́ди?
- Э́то лю́ди, кото́рые та́кже хотя́т получи́ть рабо́ту.
- Что беру́т лю́ди?
- Лю́ди беру́т анке́ты для ли́чных да́нных.
- Ско́лько вре́мени стои́т в о́череди Джек?
- Дже́к стои́т в о́череди пятна́дцать мину́т.
- Дже́ку нужна́ рабо́та на по́лный рабо́чий день и́ли на полста́вки?

- Ja, er hat Zeit nach dem Unterricht.
- Was macht sein Freund Mike?
- Er arbeitet als Packer in einem Supermarkt nach dem Unterricht.
- Wie viel Geld verdient Mike?
- Er verdient dreißig Euro pro Tag.
- Fragt Jack seinen Freund, wo er die Arbeit gefunden hat?
- Ja, Mike gibt Jack die Adresse der Arbeitsagentur.
- Wo ist die Agentur?
- Die Agentur befindet sich im Zentrum.
- Fährt Jack dorthin mit dem Bus?
- Nein, Jack fährt mit der U-Bahn dorthin.
- Was sieht Jack am Eingang zur Agentur?
- Viele Anzeigen für Studentenarbeit hängen am Eingang.
- Gibt es viele Leute in der Agentur?
- Ja, er sieht eine lange Schlange.
- Wer sind diese Leute?
- Es sind Leute, die auch eine Arbeit suchen.
- Was nehmen die Leute?
- Die Leute nehmen Personalfragebogen.
- Wie lange wartet Jack?
- Jack steht Schlange für fünfzehn Minuten.
- Will Jack Vollzeit arbeiten oder such er eine Teilzeitarbeit?

- Джек студе́нт и хо́чет рабо́тать по́сле заня́тий.
- Кому́ даёт Джек запо́лненную анке́ту?
- Джек даёт анке́ту руководи́телю отде́ла.
- Как ско́ро смо́жет получи́ть рабо́ту Джек?
- Они́ обеща́ют позвони́ть Дже́ку, когда́ найду́т для него́ рабо́ту.

- Jack studiert und will nach dem Unterricht arbeiten.
- Wem gibt Jack den ausgefüllten Fragebogen?
- Er gibt den Fragebogen der Abteilungschefin.
- Wie schnell kann Jack eine Arbeit erwarten?
- Die Abteilungschefin verspricht, ihn anzurufen, wenn sie eine Arbeit für ihn finden.

Konjunktionen

Die Konjunktionen и (und), и́ли (oder), но (aber) verbinden Worte oder unabhändige Sätze, die grammatisch gesehen gleichbedeutend sind. Diese Konjunktionen zeigen, dass die Teile, die sie verbinden, in Bedeutung und Struktur ähnlich sind:

Евге́ний разгова́ривает на ру́сском и англи́йском языка́х. Eugen spricht Russisch und Englisch.

Я родила́сь в Ли́пецке, но учу́сь я в Симферо́поле. Ich bin in Lipezk geboren, aber ich studiere in Simferopol.

Он живёт в своём до́ме и́ли кварти́ре? Wohnt er im eigenen Haus oder in einer Wohnung?

Wenn Konjunktionen unabhängige Sätze verbinden, muss vor Konjunktion ein Komma gestellt werden:

Я люблю́ смотре́ть пье́сы в теа́тре, но я обы́чно смотрю́ фи́льмы до́ма. Ich mag Theaterstücke im Theater sehen, aber Filme schaue ich normalerweise zu Hause.

Wenn allerdings unabhängige Sätze kurz und gut ausgeglichen sind, wird ein Komma nicht wichtig:

На выходны́х мы с му́жем хо́дим в кафе́ и́ли в го́сти к друзья́м. Mein Mann und ich gehen am Wochenende in ein Cafè oder besuchen unsere Freunde.

Wenn "und" das letzte Wort in der Liste ist, fehlt das Komma:

Я зна́ю таки́х худо́жников как Пика́ссо, Ван Гог, Ши́шкин и Айвазо́вский. Ich kenne solche Maler wie Picasso, Van Gogh, Schischkin und Aiwasowskij.

Konjunktionen und Komma

Wenn eine Konjunktion unabhängige Sätze verbindet, wäre es richtig, ein Komma vor der Konjunktion zu stellen:

Я люблю́ смотре́ть пье́сы в теа́тре, но я обы́чно смотрю́ фи́льмы до́ма. Ich mag Theaterstücke im Theater sehen, aber Filme schaue ich normalerweise zu Hause.

Wenn allerdings unabhängige Sätze kurz und gut ausgeglichen sind, wird ein Komma nicht wichtig:

На выходны́х мы с му́жем хо́дим в кафе́ и́ли в го́сти к друзья́м. Mein Mann und ich gehen am Wochenende in ein Cafè oder besuchen unsere Freunde.

Wenn "und" das letzte Wort in der Liste ist, fehlt das Komma:

Я зна́ю таки́х худо́жников как Пика́ссо, Ван Гог, Ши́шкин и Айвазо́вский. Ich kenne solche Maler wie Picasso, Van Gogh, Schischkin und Aiwasowskij.

Ру́сско-неме́цкий слова́рь

а - aber, doch, und
авто́бус - der Bus
авто́бусный - Bus-
автомоби́ль - das Auto, der Wagen
автомоби́льный - Auto-
автосе́рвис - der Autoservice
аге́нт - der Vertreter, der Agent
аге́нтство - die Agentur, das Büro
а́дрес - die Addresse
аккура́тный - sorgfältig
акти́вный - aktiv
алкого́льный - Alkohol-
анана́с - die Ananas
англи́йский - Englisch
англича́нка - die Engländerin
А́нглия - England
анке́та - der Fragebogen
апельси́н - die Orange
апельси́новый - Orangen-
апте́ка - die Apotheke
аудито́рия - der Hörsaal
аэропо́рт - der Flughafen
ба́бушка - die Oma, die alte Frau
бага́ж - das Gepäck
бана́н - die Banane
банк - die Bank
ба́нковский - Bank-
бар - die Bar, die Gaststätte
баскетбо́л - der Basketball
бе́гать - laufen
бе́жевый - beigefarben, beige (unflektiert), sandfarbig
без - ohne
бе́лый - weiß
бельё - die Wäsche, die Unterwäsche
бе́рег - das Ufer
бесе́довать - sprechen, plaudern
библиоте́ка - die Bibliothek, die Bücherei
библиоте́карь - der Bibliothekar
биле́т - die Fahrkarte
биоло́гия - die Biologie
блендер - der Blender
блю́до - die Speise, das Gericht
боле́ть - krank sein
большо́й - groß
брат - der Bruder
брать - nehmen
Брюссе́ль - Brüssel
бу́лочка - das Brötchen
бульва́р - der Boulevard
бума́га - das Papier
бутербро́д - das belegte Brot, die Schnitte
буты́лка - die Flasche
бы - in einem Konditionalsatz, z.B. “Wenn..., dann **würde** ich”
бы́стро - schnell
быть - sein
в - in
ваго́н - der Wagen
ва́за - die Vase
ва́нна - die Badewanne
ва́нная - das Badezimmer, das Bad
ваш - ihr
вдоль - entlang
везти́ - fahren
Великобрита́ния - Großbritannien
верну́ть - zurückgeben
вести́ - führen, leiten
весы́ - die Waage
ве́чер - der Abend
ве́чером - abends, am Abend
вещь - das Ding
взве́шивать - wiegen
взять - nehmen
ви́деть - sehen
ви́лка - die Gabel
виногра́д - die Traube(n)
висе́ть - hängen
включи́ть - einschalten
вку́сно - lecker
вку́сный - lecker
вме́сте - zusammen, gemeinsam

внима́тельно - aufmerksam
внутри́ - innen, drinnen
во - in
вода́ - das Wasser
води́тель - der Fahrer
води́тельские права - Führerschein
возвраща́ться - zurückkehren
вози́ть - fahren
во́зле - nah, in der Nähe
во́зраст - das Alter
вокру́г - (rund) um
восемна́дцать - achtzehn
во́семь - acht
восемьсо́т - achthundert
воскресе́нье - der Sonntag
врач - der Arzt
вре́мя - die Zeit
все - alles
всё - alles
всегда́ - immer
встава́ть - aufstehen
встать - aufstehen
встре́титься - treffen
встреча́ть - treffen
вся - (die) ganze
второ́й - zweiter
вход - der Eingang
входи́ть - (her)einkommen
вы - du, Sie
выбира́ть - wählen
вы́глядеть - aussehen
выезжа́ть - ausfahren
вызыва́ть - rufen
выкла́дывать - auslegen
выключа́тель - der Schalter
выпи́сывать - ausschreiben
вы́пить - trinken
выполня́ть - machen
высо́кий - hoch
вы́ход - der Ausgang
выходи́ть - (hin)ausgehen
газе́та - die Zeitung
га́зовый - Gas-
га́мбургер - der Hamburger
гара́ж - die Garage
где - wo
геогра́фия - die Geographie, die Erdkunde
говори́ть - sprechen
год - das Jahr
голла́ндец - der Niederländer
голла́ндский - niederländisch
гора́ - der Berg
горе́ть - brennen
го́род - die Stadt
горя́чий - heiß
гости́ная - das Wohnzimmer
гость - der Gast
гото́вить - zubereiten
гото́вый - fertig
греть - aufwärmen
гриб - der Pilz
гру́зчик - der Transportarbeiter, der Packer
гря́зный - schmutzig
гуля́ть - spazieren gehen
да - ja
дава́ть - geben
далеко́ - weit
да́льше - weiter
да́нные - die Angaben
дать - geben
два - zwei
два́дцать - zwanzig
двена́дцатый - zwölfter
двена́дцать - zwölf
дверь - die Tür
дви́гаться - sich bewegen
де́вушка - das Mädchen
девятна́дцать - neunzehn
де́вять - neun
де́душка - der Opa, der alte Mann
де́йствовать - funkionieren
декана́т - das Dekanat
де́лать - machen
день - der Tag

де́ньги - das Geld
де́рево - der Baum
деревя́нный - hölzern, Holz-
де́сять - zehn
детекти́в - der Detektiv
де́тский - Kinder-
дива́н - das Sofa
диза́йн - das Design
дли́ться - dauern
для - für
до - bis
добавля́ть - (hin)zufügen
добира́ться - erreichen
догова́риваться - sich verabreden
дождь - der Regen
до́лго - lange
до́лжен - sollen
дом - das Haus
до́ма - zu Hause
дома́шний - Haus-, häuslich
домо́й - nach Hause
доро́га - der Weg
до́рого - teuer
дорого́й - teuer
доска́ - das Brett
достава́ть - greifen
доста́ть - bekommen, nach etwas greifen
друг - der Freund
друго́й - andere(r/s)
ду́мать - denken
душ - die Dusche
е́вро - der Euro
его́ - ihn, sein
еда́ - das Essen
её - sie (Sing.)
е́здить - fahren
есть - essen; es gibt, es sind
е́хать - fahren
ещё - mehr, noch
жа́рко - heiß
ждать - warten
жела́ть - wünschen
жёлтый - gelb
жена́тый - verheiratet
же́нщина - die Frau
живо́тное - das Tier
жизнь - das Leben
жильё, кварти́ра - die Unterkunft, die Wohnung
жить - leben
журна́л - die Zeitschrift
журна́льный сто́лик - das Tischlein
за - hinter
забира́ть - (weg)nehmen
заболе́ть - krank werden, erkranken
зава́ривать - (Tee) kochen
за́втра - morgen
за́втрак - das Frühstück
за́втракать - frühstücken, Frühstück essen
зака́зывать - bestellen
заключа́ть догово́р - einen Vertrag schließen
зал - der Saal, die Halle
залива́ть - (ein)giessen
занима́ть - (Platz) nehmen
заноси́ть - hinbringen
за́нят - beschäftigt
заня́тие - das Unterricht, die Kurse, die Fächer
за́нятость - die Anstellung, die Beschäftigung
записа́ть - aufschreiben
запи́сывать - notieren
запо́лненный - ausgefüllt
заполня́ть - ausfüllen
зараба́тывать - verdienen
зате́м - dann
заходи́ть - eingehen
заче́м - warum
звать - rufen, nennen
звони́ть - anrufen
звоно́к - die Klingel
здесь - hier
здра́вствуйте - Hallo
зелёный - grün

зе́лень - die Grünfläche
земля́ - die Erde, der Boden
зе́ркало - der Spiegel
знако́миться - kennenlernen
знать - kennen
зуб - der Zahn
зубно́й - Zahn-
зу́бы - die Zähne (Pl.)
и - und
игра́ - das Spiel
игра́ть - spielen
идти́ - gehen
из - aus, von
и́ли - oder
име́ть - haben
и́мя - der Name
иногда́ - manchmal
интере́сно - interessant
интере́сный - interessant
иска́ть - suchen
испа́нец - der Spanier
исто́рия - die Geschichte
Ита́лия - Italien
италья́нец - der Italiener
их - sie, ihr (Pl.)
кабине́т - das Büro
ка́ждый - jeder
как - wie
како́й - welche(r/s), was für ein(e)
како́й-нибудь - irgendwelcher
ками́н - der Kamin
капу́ста - der Kohl
каранда́ш - der Bleistift
ка́рта - die (Land)karte
карти́на - das Bild
ка́сса - die Kasse
касси́р - der Kassierer
кастрю́ля - die Kasserolle, der (Koch)topf
кафе́ - das Café
кварти́ра - die Wohnung
кино́ - das Kino
кинотеа́тр - das Kino
кио́ск - der Kiosk
кипе́ть - (über)kochen, sieden
класть - legen
кли́ника - die Klinik
клуб - der Klub
клубни́ка - die Erdbeere
ключ - der Schlüssel
кни́га - das Buch
кни́жный - Buch-
ко, к - zu, nach
ковёр - der Teppich
ко́врик - der Läufer, der Bettvorleger
когда́ - wann, als
когда́-нибудь - irgendwann
ко́жаный - ledern, Leder-
колбаса́ - die Wurst
колле́кция - die Sammlung
коме́дия - die Komödie
ко́мната - das Zimmer
компью́тер - der Computer
коне́чно - natürlich
конспе́кт - die Zusammenfassung, das Resümee
консульта́нт - der Berater
контро́льная - die Prüfung
кора́бль - das Schiff
корзи́на - der Korb
кори́чневый - braun
коро́бка - die Schachtel, die Kiste
кот - die Katze
кото́рый - welcher
ко́фе - der Kaffee
кофева́рка - die Kaffeemaschine
кошелёк - die Geldtasche, das Portmonee
ко́шка - die Katze
кран - der Wasserhahn
краси́вый - schön
кра́сная - rot
кра́сный - rot
кре́сло - der Sessel
крова́ть - das Bett
кру́глый - rund

кры́ша - das Dach
кто - wer
кто́-нибудь - jemand
куда́ - wohin
купи́ть - kaufen
ку́рица - das Hühnchen
ку́ры - die Hühner
кусо́чек - ein Stückchen
ку́хня - die Küche
ку́хонный - Küchen-
ку́шать - essen
ла́мпа - die Lampe
лёгкий - leicht
лежа́ть - liegen
ле́кция - der Unterricht, die Fächer
ле́стница - das Treppenhaus
лет - Jahre
лете́ть - fliegen
лече́ние - die Behandlung
лечи́ться - behandelt werden
ли - ob
лимо́н - die Zitrone
лине́йка - das Lineal
литр - der Liter
лифт - der Aufzug
ли́чный - persönlich
ло́жка - der Löffel
ло́ндонский - Londoner
лосо́сь - der Lachs
лу́чше - besser
люби́ть - lieben
любо́вь - die Liebe
лю́ди - die Leute
лю́стра - der Kronleuchter
магази́н - das Geschäft, der Laden
макаро́ны - die Nudeln
ма́ленький - klein
ма́ло - wenig
ма́ма - die Mutter, Mama
ма́рка - die Briefmarke
маршру́тка - der Minibus
маши́на - die Maschine
ме́бель - die Möbel
мёд - der Honig
ме́жду - zwischen
мел - die Kreide
ме́сто - der Ort, der Platz
ме́сяц - der Monat
металли́ческий - metallen, Metall-
метро́ - die U-Bahn
меха́ник - der Mechaniker
микроволно́вка - die Mikrowelle
ми́ксер - der Mixer
ми́мо - vorbei, neben
мину́та - die Minute
мир - der Frieden; die Welt
мно́го - viele
мо́жет быть - vielleicht
мо́жно - möglich
мой - mein
мо́йка - das Waschen
молоко́ - das Milch
моло́чный - Milch-
мо́лча - schweigend
мо́ре - die See, das Meer
морко́вь - die Karotte
моро́женое - das Eis
мост - die Brücke
мотоци́кл - das Motorrad
мочь - können
моя́ - mein
мужско́й - männlich
мужчи́на - der Mann
музе́й - das Museum
му́сор - der Müll, der Abfall
мы - wir
мы́ло - die Seife
мыть - waschen
мя́гкий - weich
мясно́й - Fleisch-
на - auf
наве́рное - wahrscheinlich
навстре́чу - entgegen
на́вык - die Fertigkeit, die Kenntnis
нагрева́ться - sich erwärmen
над - ober

надевáть - anziehen
найтú - finden
наливáть - gießen
налúчные - das Bargeld
напúток - das Getränk
направлéние - die Richtung
направля́ться - gehen
напрóтив - gegenüber
нас - uns
насы́пать - schütten
находúть - finden
находúться - sich befinden
национáльность - die Nationalität
национáльный - national
начáло - der Anfang
начáться - anfangen, beginnen
начинáть - anfangen, beginnen
наш - unser
не - nicht
Неáполь - Neapel
небольшóй - nicht groß
невысóкий - nicht groß
недáвно - letztens, kürzlich
недалекó - nicht weit
недвúжимость - die Immobilie, das Grundbesitz
недéля - die Woche
недорогóй - nicht teuer, preisgünstig
немéцкий - Deutsch
немнóго - ein bisschen
необходúмый - nötig, notwendig
нéсколько - einige
нестú - tragen
нет - nein; es gibt kein(e/en)
никогдá - nie(mals)
но - aber
нóвый - neu
нож - das Messer
нóмер - die Nummer
ноутбýк - der Laptop
нрáвиться - gefallen
нýжен - nötig
нýжно - brauchen
нýжный - nötig
о, об - über
обéд - das Mittagsessen
обéдать - zu Mittag essen
обещáть - versprechen
образовáние - die Ausbildung, die Erziehung
обрáтно - zurück
обсуждáть - besprechen
общúтельный - gesellig
объявлéние - die Anzeige
объясня́ть - erklären
обы́чно - normalerweise
óвощ - das Gemüse
огурéц - die Gurke
одевáться - sich ankleiden
одéжда - die Kleidung
одúн - ein
одномéстный - Einpersonen-
óзеро - der See
океáн - der Ozean
окнó - das Fenster
óколо - nah
он/онá/онó - er/sie/es
онú - sie (Pl.)
оплáчивать - bezahlen
óпыт - die Erfahrung
останóвка - die Haltestelle
остáться - bleiben
отвечáть - antworten
отдéл - die Abteilung
отдыхáть - sich ausruhen, sich erholen
отéль - das Hotel
отéц - der Vater
отказáться - ablehnen
откáзываться - absagen
открывáть - öffnen, aufmachen
откры́ть - öffnen
откýда - woher
отлúчный - herrlich
óтпуск - der Urlaub, die Ferien
отрéзать - abschneiden
официáнт - der Kellner

о́чень - sehr
о́чередь - die Schlange
очки́ - die Brille
паке́т - das Paket
па́мятник - das Denkmal
па́па - der Papa
па́ра - das Paar
парк - der Park
па́спорт - der Pass
па́чка - das Päckchen
пе́рвый - erster
переры́в - die Pause
переселя́ться - umziehen
пери́од - die Periode
пе́рсик - der Pfirsich
пече́нье - der Keks, das Törtchen
пешко́м - zu Fuß
пиро́жное - das Dessert, der Nachtisch
писа́тельница - die Schriftstellerin
писа́ть - schreiben
пить - trinken
пи́цца - die Pizza
пла́вать - schwimmen
пла́кать - weinen
пла́стиковый - Kunststoff-, aus Kunststoff
плати́ть - (be)zahlen
плита́ - der Herd
пло́щадь - der Platz
пляж - der Strand
по - über
по-англи́йски - auf Englisch
пого́да - der Wetter
под - unter
подгото́виться - sich vorbereiten
поднима́ться - steigen
подрабо́тка - die Teilzeitarbeit
подру́га - die Freundin
поду́шка - das Kissen
подходи́ть - herangehen, sich nähern
подходя́щий - geeignet, passend
по́езд - der Zug
по-испа́нски - auf Spanisch
пойти́ - gehen
показа́ть - zeigen
покупа́ть - kaufen
пол - der Fußboden, die Etage
полице́йский - der Polizist
поли́ция - die Polizei
полиэтиле́новый - Polyethylen-
по́лка - das Regal
по́лный - voll
полови́на - die Hälfte
положе́ние - der Stand, der Status
положи́ть - legen
полоте́нце - das Handtuch
полста́вки - (in) Teilzeit
полтора́ - anderthalb
получа́ть - bekommen
помидо́р - die Tomate
помога́ть - helfen
по-неме́цки - auf Deutsch
по́сле - nach
посреди́не - in der Mitte
посу́да - das Geschirr
потоло́к - die Decke
пото́м - dann
потому́ что - weil
по-францу́зски - auf Französisch
почему́ - warum
по́чта - das Postamt
поэ́тому - deshalb
пра́ва - die Rechte
пра́вило - die Regel
пра́чечная - die (Selbstbedienungs)Wäscherei
предлага́ть - vorschlagen
предложе́ние - der Vorschlag
предложи́ть - anbieten
предме́т - das Fach; das Ding
пре́жде - früher
преподава́тель - der Lehrer
приве́т - Hallo
приглаша́ть - einladen
при́город - der Vorort, die Vorstadt
приключе́ние - das Abenteuer

приме́рно - ungefähr
принима́ть - nehmen
про - über
проби́ть - kassieren
про́бка - der Stau
проводи́ть - begleiten; verbringen
продава́ть - verkaufen
продава́ться - verkauft werden
продолжа́ть - weitermachen
продукто́вый - das Lebensmittelgeschäft
проду́кты - die Lebensmittel
прое́зд - die Fahrt
проси́ть - fragen
просто́рный - geräumig
просыпа́ться - aufstehen
профессиона́льный - professionell
профе́ссия - der Beruf, das Fach
проходи́ть - vergehen
проща́ться - sich verabschieden
пря́мо - geradeaus
пти́ца - der Vogel
пурпу́рный - purpurrot
пусто́й - leer
путеше́ствовать - reisen
путь - der Weg
пятна́дцать - fünfzehn
пя́тница - der Freitag
пять - fünf
рабо́та - die Arbeit
рабо́тать - arbeiten, funktionieren
рабо́тник - der Arbeiter
рабо́чий - Arbeits-
ра́дио - der Rundfunk, das Radio
раз - -mal (einmal, zweimal etc.)
разгова́ривать - reden, sich unterhalten
ра́зный - verschieden
ра́ковина - der Ausguss, das Becken
расплати́ться - bezahlen
рассказа́ть - sagen
расти́ - wachsen
ребёнок - das Kind
ре́зать - schneiden
рези́новый - Gummi-
рейс - der Flug
река́ - der Fluss
рекла́ма - die Werbung
ремо́нт - die Renovierung
рестора́н - das Restaurant
реша́ть - entscheiden
реше́ние - der Entschluss, die Entscheidung
реши́ть - entscheiden
рис - der Reis
роди́тели - die Eltern
роди́ться - geboren sein
ро́за - die Rose
рука́ - die Hand
руководи́тель - der Leiter, der Chef
ру́чка - der Griff
ры́ба - der Fisch
ря́дом - neben
с - mit
сад - der Garten
сади́ться - sich setzen
салфе́тка - die Serviette
самолёт - das Flugzeug
Са́ра - Sarah
са́хар - der Zucker
свет - das Licht
свети́ть - leuchten, scheinen
светло́ - hell
све́тлый - leicht
светофо́р - die Ampel
свобо́дно - fließend
свобо́дный - frei
свой - mein, dein etc. (eigen)
сдава́ть - zurückgeben, abgeben
сде́лать - machen, schaffen
сего́дня - heute
сейча́с - jetzt
семе́йный - Familien-
семь - sieben
семья́ - die Familie
се́рый - grau
сестра́ - die Schwester

сиде́ть - sitzen
сидя́щий - Sitz-
си́ний - blau
сказа́ть - sagen
ска́терть - das Tischtuch
ско́лько - wieviel
ско́лько лет - wie viele Jahre
ско́ро - bald
сла́дкий - süß
сле́ва - links
сле́дующий - nächster
слу́шать - hören
смета́на - die Sahne
смешно́й - lustig
смея́ться - lachen
смотре́ть - anschauen
снару́жи - draußen
снача́ла - vom Anfang an
со, с - mit
соба́ка - der Hund
собира́ть - sammeln
собира́ться - sich versammeln
соглаша́ться - zustimmen
сок - der Saft
со́лнце - die Sonne
со́рок - vierzig
сосе́д - der Nachbar
соси́ска - dieWurst
спа́льный - Schlaf-
спаси́бо - danke
споко́йно - ruhig
спра́ва - rechts
спра́вочный - Auskunfts-
спра́шивать - fragen
сра́зу - sofort, auf der Stelle
среди́ - unter
ста́вить - stellen, legen
стака́н - das Glas
станови́ться - werden
ста́нция - die Station, der Bahnhof
ста́рший - älter
ста́рый - alt
стать - werden
стекля́нный - Glas-, gläsern
стена́ - die Wand
стира́льный - Wasch- (z.B. Waschpulver)
стира́ть - waschen
сто́йка - der Stand
сто́имость - der Preis, die Kosten (pl.)
сто́ить - kosten
стол - der Tisch
сто́лик - das Tischlein
столо́вая - das Speisezimmer
стомато́лог - der Zahnarzt
стоя́ть - stehen
страна́ - das Land
страни́ца - die Seite
страхо́вка - die Versicherung
стра́шный - schrecklich, fürchterlich
студе́нт - der Student
стул - der Stuhl
ступе́нька - die (Treppen)Stufe
стуча́ть - klopfen
стуча́ться - klopfen
суббо́та - der Samstag
су́мка - die Tasche
суп - die Suppe
суперма́ркет - der Supermarkt
суши́лка - der Trockner, der Fön (für die Haare)
счёт - die Rechnung
сы́пать - schütten
сыр - der Käse
сыро́й - roh
сэ́ндвич - das belegte Brot
сюда́ - hier(her)
та - diese (Sing.)
так - so
та́кже - auch
такси́ - das Taxi
там - dort
таре́лка - der Teller
твой - dein
теа́тр - das Theater
телеви́зор - der Fernseher

теле́жка - der Wagen
телефо́н - das Telefon
телефо́нный - Telefon-
темно́ - dunkel
тёплый - warm
тетра́дь - das Heft
техноло́гия - die Technologie
ти́хий - still
ти́хо - still, leise
тогда́ - damals, dann
то́же - auch
то́лько - nur
тонне́ль - der Tunnel
топта́ть - treten, trampeln
то́стер - der Toaster
тот - jene(r/s)
тра́нспорт - der Transport, der Verkehr
тра́сса - die Autobahn
тре́тий - dritter
три - drei
три́дцать - dreißig
трина́дцать - dreizehn
три́ста - dreihundert
тролле́йбус - der Oberleitungsbus, der Obus
тротуа́р - der Bürgersteig, der Fußweg
труди́ться - sich bemühen
трудоустро́йство - die Anstellung
туале́т - die Toilette
туале́тный - Toiletten-
туда́ - dort(hin)
тури́ст - der Tourist
ты - du, Sie
тюльпа́н - die Tulpe
у - bei, an
убра́ть - aufräumen
у́гол - die Ecke
удава́ться - gelingen
удо́бный - bequem
уезжа́ть - wegfahren
уже́ - schon
ука́занный - angezeigt
ука́зывать - anzeigen, andeuten
укра́сть - stehlen
у́лица - die Straße
уме́ть - können
умыва́льник - das Waschbecken
умыва́ться - sich waschen
университе́т - die Universität
унита́з - die Toilette
уста́ть - müde werden
устро́иться - sich einrichten
устро́иться на рабо́ту - einen Job finden
у́тро - der Morgen
уча́сток - die Parzelle
уче́бник - das Lehrbuch
учени́к - der Schüler
учи́ть - lehren, beibringen
учи́ться - lernen
ую́тно - gemütlich
ую́тный - gemütlich
фами́лия - der Familienname
фи́зика - die Physik
физи́ческая рабо́та - die Handarbeit
фильм - der Film
фонта́н - der Springbrunnen, die Fontäne
фо́рмула - die Formel
фотографи́роваться - fotografieren
фотогра́фия - das Foto
францу́зский - Französisch
фрукт - das Obst
футбо́л - der Fußball
футболи́ст - der Fußballspieler
футбо́льный - Fußball-
хвата́ть - genug sein; greifen
хлеб - das Brot
хло́пья - die Cerealien
ходи́ть - gehen
хозя́ин - der Wirt
холл - der Flur
холоди́льник - der Kühlschrank
хо́лодно - kalt, kühl
холо́дный - kühl
хоро́ший - gut
хорошо́ - gut

хоте́ть - wollen
цвет - die Farbe
цвето́к - die Blume
цена́ - der Preis
центр - das Zentrum
центра́льный - zentral
чай - der Tee
ча́йник - der Teekessel
ча́йный - Tee-
час - die Stunde
ча́сто - oft
ча́шка - die Tasse
чей - wessen
чек - die Rechnung
челове́к - die Person, der Mensch
че́рез - über, in (z.B. eine Stunde)
чёрный - schwarz
четвёртый - vierter
четы́ре - vier
чи́псы - die Chips
чи́стить - reinigen, sauber machen
чи́стый - sauber
чита́ть - lesen
что - was
что́бы - so dass
что́-нибудь - etwas
чу́вствовать - fühlen
Шекспи́р - Shakespeare
шесть - sechs
шкаф - der Schrank, das Regal
шко́ла - die Schule
шту́ка - das Stück
шу́мно - laut
шу́мный - laut
щётка - die Bürste
э́та - diese (Fem.)
эта́ж - die Etage
э́ти - diese (Pl.)
э́то - das
э́тот - dieser
юри́ст - der (Rechts)anwalt
я - ich
я́блоко - der Apfel
язы́к - die Sprache, die Zunge
яйцо́ - das Ei
я́сли - Kinderkrippe
я́щик - die Schublade

Немéцко-рýсский словáрь

Abend, der - вéчер
abends, am Abend - вéчером
Abenteuer, das - приключéние
aber, doch, und - а, но
ablehnen - отказáться
absagen - откáзываться
abschneiden - отрéзать
Abteilung, die - отдéл
acht - вóсемь
achthundert - восемьсóт
achtzehn - восемнáдцать
Addresse, die - áдрес
Agentur, die; das Büro - агéнтство
aktiv - актúвный
Alkohol- - алкогóльный
alles - все, всё
alt - стáрый
älter - стáрший
Alter, das - вóзраст
Ampel, die - светофóр
Ananas, die - ананáс
anbieten - предложúть
andere(r/s) - другóй
anderthalb - полторá
Anfang, der - начáло
anfangen, beginnen - начáться, начинáть
Angaben, die - дáнные
angezeigt - укáзанный
anrufen - звонúть
anschauen - смотрéть
Anstellung, die; die Beschäftigung - зáнятость, трудоустрóйство
antworten - отвечáть
Anzeige, die - объявлéние
anzeigen, andeuten - укáзывать
anziehen - надевáть
Apfel, der - я́блоко
Apotheke, die - аптéка
Arbeit, die - рабóта
arbeiten, funktionieren - рабóтать
Arbeiter, der - рабóтник
Arbeits- - рабóчий
Arzt, der - врач
auch - тáкже, тóже
auf - на
auf Deutsch - по-немéцки
auf Englisch - по-англúйски
auf Französisch - по-францýзски
auf Spanisch - по-испáнски
aufmerksam - внимáтельно
aufräumen - убрáть
aufschreiben - записáть
aufstehen - вставáть, встать, просыпáться
aufwärmen - греть
Aufzug, der - лифт
aus, von - из
Ausbildung, die; die Erziehung - образовáние
ausfahren - выезжáть
ausfüllen - заполня́ть
Ausgang, der - вы́ход
ausgefüllt - запóлненный
Ausguss, der; das Becken - рáковина
Auskunfts- - спрáвочный
auslegen - выклáдывать
ausschreiben - выпúсывать
aussehen - вы́глядеть
Auto- - автомобúльный
Auto, das; der Wagen - автомобúль
Autobahn, die - трáсса
Autoservice, der - автосéрвис
Badewanne, die - вáнна
Badezimmer, das; das Bad - вáнная
bald - скóро
Banane, die - банáн
Bank- - бáнковский
Bank, die - банк
Bar, die; die Gaststätte - бар
Bargeld, das - налúчные
Basketball, der - баскетбóл
Baum, der - дéрево
begleiten; verbringen - проводúть

behandelt werden - лечи́ться
Behandlung, die - лече́ние
bei, an - у
beigefarben, beige (unflektiert), sandfarbig - бе́жевый
bekommen, nach etwas greifen - доста́ть, получа́ть
belegte Brot, das; die Schnitte - бутербро́д, сэ́ндвич
bequem - удо́бный
Berater, der - консульта́нт
Berg, der - гора́
Beruf, der; das Fach - профе́ссия
beschäftigt - за́нят
besprechen - обсужда́ть
besser - лу́чше
bestellen - зака́зывать
Bett, das - крова́ть
bezahlen - опла́чивать, расплати́ться
Bibliothek, die; die Bücherei - библиоте́ка
Bibliothekar, der - библиоте́карь
Bild, das - карти́на
Biologie, die - биоло́гия
bis - до
bisschen - немно́го
blau - си́ний
bleiben - оста́ться
Bleistift, der - каранда́ш
Blender, der - блендер
Blume, die - цвето́к
Boulevard, der - бульва́р
brauchen - ну́жно
braun - кори́чневый
brennen - горе́ть
Brett, das - доска́
Briefmarke, die - ма́рка
Brille, die - очки́
Brot, das - хлеб
Brötchen, das - бу́лочка
Brücke, die - мост
Bruder, der - брат
Brüssel - Брюссе́ль
Buch- - кни́жный
Buch, das - кни́га
Bürgersteig, der; der Fußweg - тротуа́р
Büro, das - кабине́т
Bürste, die - щётка
Bus- - авто́бусный
Bus, der - авто́бус
Café, das - кафе́
Cerealien, die - хло́пья
Chips, die - чи́псы
Computer, der - компью́тер
Dach, das - кры́ша
damals, dann - тогда́
danke - спаси́бо
dann - зате́м, пото́м
das - э́то
dauern - дли́ться
Decke, die - потоло́к
dein - твой
Dekanat, das - декана́т
denken - ду́мать
Denkmal, das - па́мятник
deshalb - поэ́тому
Design, das - диза́йн
Dessert, das; der Nachtisch - пиро́жное
Detektiv, der - детекти́в
Deutsch - неме́цкий
diese (Fem.Sing.) - эта
diese (Pl.) - эти
dieser - э́тот
Ding, das - вещь
dort - там
dort(hin) - туда́
draußen - снару́жи
drei - три
dreihundert - три́ста
dreißig - три́дцать
dreizehn - трина́дцать
dritter - тре́тий
du, Sie - вы, ты
dunkel - темно́
Dusche, die - душ
Ecke, die - у́гол

Ei, das - яйцó
ein - оди́н
Eingang, der - вход
eingehen - заходи́ть
eingiessen - залива́ть
einige - не́сколько
einladen - приглаша́ть
Einpersonen- - одноме́стный
einschalten - включи́ть
Eis, das -морóженое
Eltern, die - роди́тели
England - А́нглия
Engländerin, die - англича́нка
Englisch - англи́йский
entgegen - навстре́чу
entlang - вдоль
entscheiden - реша́ть, реши́ть
Entschluss, der; die Entscheidung - реше́ние
er/sie/es - он/она́/онó
Erdbeere, die - клубни́ка
Erde, die; der Boden - земля́
Erfahrung, die - óпыт
erklären - объясня́ть
erreichen - добира́ться
erster - пе́рвый
es gibt, es sind - есть
essen - есть, ку́шать
Essen, das - еда́
Etage, die - эта́ж
etwas - чтó-нибудь
Euro, der - е́вро
Fach, das; das Ding - предме́т
Fächer, die - предме́ты
fahren - везти́, вози́ть, е́здить, е́хать
Fahrer, der - води́тель
Fahrkarte, die - биле́т
Fahrt, die - прое́зд
Familie, die - семья́
Familien- - семе́йный
Familienname, der - фами́лия
Farbe, die - цвет
Fenster, das - окнó
Fernseher, der - телеви́зор
fertig - готóвый
Fertigkeit, die; die Kenntnis - на́вык
Film, der - фильм
finden - найти́, находи́ть
Fisch, der - ры́ба
Flasche, die - буты́лка
Fleisch- - мяснóй
fliegen - лете́ть
fließend - свобóдно
Flug, der - рейс
Flughafen, der - аэропóрт
Flugzeug, das - самолёт
Flur, der - холл
Fluss, der - река́
Fön, der (für die Haare) - фен
Formel, die - фóрмула
Foto, das - фотогра́фия
fotografieren - фотографи́роваться
Fragebogen, der - анке́та
fragen - проси́ть, спра́шивать
Französisch - францу́зский
Frau, die - же́нщина
frei - свобóдный
Freitag, der - пя́тница
Freund, der - друг
Freundin, die - подру́га
Frieden, der; die Welt - мир
früher - пре́жде
Frühstück, das - за́втрак
frühstücken, Frühstück essen - за́втракать
fühlen - чу́вствовать
führen, leiten - вести́
Führerschein - води́тельские права
fünf - пять
fünfzehn - пятна́дцать
funkionieren - де́йствовать
für - для
Fußball- - футбóльный
Fußball, der - футбóл
Fußballspieler, der - футболи́ст
Fußboden, der; die Etage - пол

Gabel, die - ви́лка
ganze - весь, вся, всё
Garage, die - гара́ж
Garten, der - сад
Gas- - га́зовый
Gast, der - гость
geben - дава́ть, дать
geboren sein - роди́ться
geeignet, passend - подходя́щий
gefallen - нра́виться
gegenüber - напро́тив
gehen - идти́, направля́ться, пойти́, ходи́ть
gelb - жёлтый
Geld, das - де́ньги
Geldtasche, die; das Portmonee - кошелёк
gelingen - удава́ться
Gemüse, das - о́вощ
gemütlich - ую́тно, ую́тный
genug sein; greifen - хвата́ть
Geographie, die; die Erdkunde - геогра́фия
Gepäck, das - бага́ж
geradeaus - пря́мо
geräumig - просто́рный
Geschäft, das; der Laden - магази́н
Geschichte, die - исто́рия
Geschirr, das - посу́да
gesellig - общи́тельный
Getränk, das - напи́ток
gießen - налива́ть
Glas, das - стака́н
Glas-, gläsern - стекля́нный
grau - се́рый
greifen - достава́ть
Griff, der - ру́чка
groß - большо́й
Großbritannien - Великобрита́ния
grün - зелёный
Grünfläche, die - зе́лень
Gummi- - рези́новый
Gurke, die - огуре́ц
gut - хоро́ший, хорошо́
haben - име́ть
Hälfte, die - полови́на
Hallo - здра́вствуйте, приве́т
Haltestelle, die - остано́вка
Hamburger, der - га́мбургер
Hand, die - рука́
Handarbeit, die - физи́ческая рабо́та
Handtuch, das - полоте́нце
hängen - висе́ть
Haus, das - дом
Haus-, häuslich - дома́шний
Heft, das - тетра́дь
heiß - горя́чий, жа́рко
helfen - помога́ть
hell - светло́
herangehen, sich nähern - подходи́ть
Herd, der - плита́
hereinkommen - входи́ть
herrlich - отли́чный
heute - сего́дня
hier - здесь
hier(her) - сюда́
hinausgehen - выходи́ть
hinbringen - заноси́ть
hinter - за
hinzufügen - добавля́ть
hoch - высо́кий
hölzern, Holz- - деревя́нный
Honig, der - мёд
hören - слу́шать
Hörsaal, der - аудито́рия
Hotel, das - оте́ль
Hühnchen, das - ку́рица
Hühner, die - ку́ры
Hund, der - соба́ка
ich - я
ihn, sein - его́
ihr - ваш
immer - всегда́
Immobilie, die; das Grundbesitz - недви́жимость
in - в, во

in der Mitte - посреди́не
innen, drinnen - внутри́
interessant - интере́сно, интере́сный
irgendwann - когда́-нибудь
irgendwelcher - како́й-нибудь
Italien - Ита́лия
Italiener, der - италья́нец
ja - да
Jahr, das - год
Jahre - лет
jeder - ка́ждый
jemand - кто́-нибудь
jene(r/s) - тот
jetzt - сейча́с
Job finden - устро́иться на/найти́ рабо́ту
Kaffee, der - ко́фе
Kaffeemaschine, die - кофева́рка
kalt, kühl - хо́лодно
Kamin, der - ками́н
Karotte, die - морко́вь
Käse, der - сыр
Kasse, die - ка́сса
Kasserolle, die; der (Koch)topf - кастрю́ля
kassieren - проби́ть
Kassierer, der - касси́р
Katze, die - кот, ко́шка
kaufen - купи́ть, покупа́ть
Keks, der; das Törtchen - пече́нье
Kellner, der - официа́нт
kennen - знать
kennenlernen - знако́миться
Kind, das - ребёнок
Kinder- - де́тский
Kinderkrippe - я́сли
Kino, das - кино́, кинотеа́тр
Kiosk, der - кио́ск
Kissen, das - поду́шка
Kleidung, die - оде́жда
klein - ма́ленький
Klingel, die - звоно́к
Klinik, die - кли́ника
klopfen - стуча́ть, стуча́ться
Klub, der - клуб
kochen (Tee) - зава́ривать (чай)
Kohl, der - капу́ста
Komödie, die - коме́дия
können - мочь, уме́ть
Korb, der - корзи́на
kosten - сто́ить
krank sein - боле́ть
krank werden, erkranken - заболе́ть
Kreide, die - мел
Kronleuchter, der - лю́стра
Küche, die - ку́хня
Küchen- - ку́хонный
kühl - холо́дный
Kühlschrank, der - холоди́льник
Kunststoff-, aus Kunststoff - пла́стиковый
lachen - смея́ться
Lachs, der - лосо́сь
Lampe, die - ла́мпа
Land, das - страна́
Landkarte, die - ка́рта
lange - до́лго
Laptop, der - ноутбу́к
laufen - бе́гать
Läufer, der; der Bettvorleger - ко́врик
laut - шу́мно, шу́мный
leben - жить
Leben, das - жизнь
Lebensmittel, die - проду́кты
Lebensmittelgeschäft, das - продукто́вый
lecker - вку́сно, вку́сный
ledern, Leder- - ко́жаный
leer - пусто́й
legen - класть, положи́ть
Lehrbuch, das - уче́бник
lehren, beibringen - учи́ть
Lehrer, der - преподава́тель
leicht - лёгкий, све́тлый
Leiter, der; der Chef - руководи́тель
lernen - учи́ться

lesen - чита́ть
letztens, kürzlich - неда́вно
leuchten, scheinen - свети́ть
Leute, die - лю́ди
Licht, das - свет
Liebe, die - любо́вь
lieben - люби́ть
liegen - лежа́ть
Lineal, das - лине́йка
links - сле́ва
Liter, der - литр
Löffel, der - ло́жка
Londoner - ло́ндонский
lustig - смешно́й
machen, schaffen - выполня́ть, де́лать, сде́лать
Mädchen, das - де́вушка
mal (einmal, zweimal etc.) - раз
manchmal - иногда́
Mann, der - мужчи́на
männlich - мужско́й
Maschine, die - маши́на
Mechaniker, der - меха́ник
mehr, noch - ещё
mein, dein etc. (eigen) - мой, моя́, свой
Messer, das - нож
metallen, Metall- - металли́ческий
Mikrowelle, die - микроволно́вка
Milch- - моло́чный
Milch, das - молоко́
Minibus, der - маршру́тка
Minute, die - мину́та
mit - со, с
Mittagsessen, das - обе́д
Mixer, der - ми́ксер
Möbel, die - ме́бель
möglich - мо́жно
Monat, der - ме́сяц
morgen - за́втра
Morgen, der - у́тро
Motorrad, das - мотоци́кл
müde werden - уста́ть
Müll, der; der Abfall - му́сор
Museum, das - музе́й
Mutter, die; Mama - ма́ма
nach - по́сле
nach Hause - домо́й
Nachbar, der - сосе́д
nächster - сле́дующий
nah, in der Nähe - во́зле, о́коло
Name, der - и́мя
national - национа́льный
Nationalität, die - национа́льность
natürlich - коне́чно
Neapel - Неа́поль
neben - ря́дом
nehmen - брать, взять, принима́ть
nein; es gibt kein(e/en) - нет
neu - но́вый
neun - де́вять
neunzehn - девятна́дцать
nicht - не
nicht groß - небольшо́й, невысо́кий
nicht teuer, preisgünstig - недорого́й
nicht weit - недалеко́
nie(mals) - никогда́
Niederländer, der - голла́ндец
niederländisch - голла́ндский
normalerweise - обы́чно
notieren - запи́сывать
nötig, notwendig - ну́жен, ну́жный, необходи́мый
Nudeln, die - макаро́ны
Nummer, die - но́мер
nur - то́лько
ob - ли
ober - над
Oberleitungsbus, der; der Obus - тролле́йбус
Obst, das - фрукт
oder - и́ли
öffnen, aufmachen - открыва́ть, откры́ть
oft - ча́сто
ohne - без
Oma, die; die alte Frau - ба́бушка

Opa, der; der alte Mann - де́душка
Orange, die - апельси́н
Orangen- - апельси́новый
Ort, der, der Platz - ме́сто
Ozean, der - океа́н
Paar, das - па́ра
Päckchen, das - па́чка
Paket, das - паке́т
Papa, der - па́па
Papier, das - бума́га
Park, der - парк
Parzelle, die - уча́сток
Pass, der - па́спорт
Pause, die - переры́в
Periode, die - пери́од
Person, die; der Mensch - челове́к
persönlich - ли́чный
Pfirsich, der - пе́рсик
Physik, die - фи́зика
Pilz, der - гриб
Pizza, die - пи́цца
Platz, der - пло́щадь
Platz nehmen - занима́ть
Polizei, die - поли́ция
Polizist, der - полице́йский
Polyethylen- - полиэтиле́новый
Postamt, das - по́чта
Preis, der; die Kosten (pl.) - сто́имость, цена́
professionell - профессиона́льный
Prüfung, die - контро́льная
purpurrot - пурпу́рный
Rechnung, die - счёт, чек
Rechte, die - пра́ва
rechts - спра́ва
Rechtsanwalt, der - юри́ст
reden, sich unterhalten - разгова́ривать
Regal, das - по́лка
Regel, die - пра́вило
Regen, der - дождь
reinigen, sauber machen - чи́стить
Reis, der - рис
reisen - путеше́ствовать
Renovierung, die - ремо́нт
Restaurant, das - рестора́н
Richtung, die - направле́ние
roh - сыро́й
Rose, die - ро́за
rot - кра́сная, кра́сный
rufen, nennen - вызыва́ть, звать
ruhig - споко́йно
rund - кру́глый
rund um - вокру́г
Rundfunk, der; das Radio - ра́дио
Saal, der; die Halle - зал
Saft, der - сок
sagen - рассказа́ть, сказа́ть
Sahne, die - смета́на
sammeln - собира́ть
Sammlung, die - колле́кция
Samstag, der - суббо́та
Sarah - Са́ра
sauber - чи́стый
Schachtel, die; die Kiste - коро́бка
Schalter, der - выключа́тель
Schiff, das - кора́бль
Schlaf- - спа́льный
Schlange, die - о́чередь
Schlüssel, der - ключ
schmutzig - гря́зный
schneiden - ре́зать
schnell - бы́стро
schön - краси́вый
schon - уже́
Schrank, der; das Regal - шкаф
schrecklich, fürchterlich - стра́шный
schreiben - писа́ть
Schriftstellerin, die - писа́тельница
Schublade, die - я́щик
Schule, die - шко́ла
Schüler, der - учени́к
schütten - насы́пать, сы́пать
schwarz - чёрный
schweigend - мо́лча
Schwester, die - сестра́
schwimmen - пла́вать

sechs - шесть
See, der - óзеро
See, die; das Meer - мóре
sehen - вúдеть
sehr - óчень
Seife, die - мы́ло
sein - быть
Seite, die - странúца
Selbstbedienungswäscherei, die - прáчечная
Serviette, die - салфéтка
Sessel, der - крéсло
Shakespeare - Шекспúр
sich ankleiden - одевáться
sich ausruhen, sich erholen - отдыхáть
sich befinden - находúться
sich bemühen - трудúться
sich bewegen - двúгаться
sich einrichten - устрóиться
sich erwärmen - нагревáться
sich setzen - садúться
sich verabreden - договáриваться
sich verabschieden - прощáться
sich versammeln - собирáться
sich vorbereiten - подготóвиться
sich waschen - умывáться
sie (Pl.) - онú
sie (Sing.) - онá
sieben - семь
sieden - кипéть
sitzen - сидéть
so - так
so dass - чтóбы
Sofa, das - дивáн
sofort, auf der Stelle - срáзу
sollen - дóлжен
Sonne, die - сóлнце
Sonntag, der - воскресéнье
sorgfältig - аккурáтный
Spanier, der - испáнец
spazieren gehen - гуля́ть
Speise, die; das Gericht - блю́до
Speisezimmer, das - столóвая
Spiegel, der - зéркало
Spiel, das - игрá
spielen - игрáть
Sprache, die; die Zunge - язы́к
sprechen, plaudern - говорúть, бесéдовать
Springbrunnen, der; die Fontäne - фонтáн
Stadt, die - гóрод
Stand, der - стóйка
Station, die; der Bahnhof - стáнция
Status, der - положéние
Stau, der - прóбка
stehen - стоя́ть
stehlen - укрáсть
steigen - поднимáться
stellen, legen - стáвить
still, leise - тúхий, тúхо
Strand, der - пляж
Straße, die - у́лица
Stück, das - шту́ка
Stückchen - кусóчек
Student, der - студéнт
Stuhl, der - стул
Stunde, die - час
suchen - искáть
Supermarkt, der - супермáркет
Suppe, die - суп
süß - слáдкий
Tag, der - день
Tasche, die - су́мка
Tasse, die - чáшка
Taxi, das - таксú
Technologie, die - технолóгия
Tee- - чáйный
Tee, der - чай
Teekessel, der - чáйник
Teilzeit - полстáвки
Teilzeitarbeit, die - подрабóтка
Telefon- - телефóнный
Telefon, das - телефóн
Teller, der - тарéлка
Teppich, der - ковёр

teuer - до́рого, дорого́й
Theater, das - теа́тр
Tier, das - живо́тное
Tisch, der - стол
Tischlein, das - журна́льный сто́лик, сто́лик
Tischtuch, das - ска́терть
Toaster, der - то́стер
Toilette, die - туале́т, унита́з
Toiletten- - туале́тный
Tomate, die - помидо́р
Tourist, der - тури́ст
tragen - нести́
Transport, der; der Verkehr - тра́нспорт
Transportarbeiter, der; der Packer - гру́зчик
Traube(n), die - виногра́д
treffen - встре́титься, встреча́ть
Treppenhaus, das - ле́стница
Treppenstufe, die - ступе́нька
treten, trampeln - топта́ть
trinken - вы́пить, пить
Trockner, der - суши́лка
Tulpe, die - тюльпа́н
Tunnel, der - тонне́ль
Tür, die - дверь
U-Bahn, die - метро́
über - о, об, по, про
über, in (z.B. eine Stunde) - че́рез
Ufer, das - бе́рег
umziehen - переселя́ться
und - и
ungefähr - приме́рно
Universität, die - университе́т
uns - нас
unser - наш
unter - под, среди́
Unterkunft, die; die Wohnung - жильё, кварти́ра
Unterricht, der; die Kurse - заня́тие, ле́кция
Urlaub, der; die Ferien - о́тпуск
Vase, die - ва́за
Vater, der - оте́ц
verdienen - зараба́тывать
vergehen - проходи́ть
verheiratet - жена́тый
verkaufen - продава́ть
verkauft werden - продава́ться
verschieden - ра́зный
Versicherung, die - страхо́вка
versprechen - обеща́ть
Vertrag schließen - заключа́ть догово́р
Vertreter, der; der Agent - аге́нт
viele - мно́го
vielleicht - мо́жет быть
vier - четы́ре
vierter - четвёртый
vierzig - со́рок
Vogel, der - пти́ца
voll - по́лный
vom Anfang an - снача́ла
vorbei, neben - ми́мо
Vorort, der; die Vorstadt - при́город
Vorschlag, der - предложе́ние
vorschlagen - предлага́ть
Waage, die - весы́
wachsen - расти́
Wagen, der - ваго́н, теле́жка
wählen - выбира́ть
wahrscheinlich - наве́рное
Wand, die - стена́
wann, als - когда́
warm - тёплый
warten - ждать
warum - заче́м, почему́
was - что
Wasch- (z.B. Waschpulver) - стира́льный
Waschbecken, das - умыва́льник
Wäsche, die; die Unterwäsche - бельё
waschen - мыть, стира́ть
Waschen, das - мо́йка
Wasser, das - вода́
Wasserhahn, der - кран
Weg, der - доро́га, путь

wegfahren - уезжáть
wegnehmen - забирáть
weich - мя́гкий
weil - потомý что
weinen - плáкать
weiß - бéлый
weit - далекó
weiter - дáльше
weitermachen - продолжáть
welche(r/s), was für ein(e) - какóй
welcher - котóрый
wenig - мáло
wer - кто
Werbung, die - реклáма
werden - станови́ться, стать
wessen - чей
Wetter, der - погóда
wie - как
wie viele Jahre - скóлько лет
wiegen - взвéшивать
wieviel - скóлько
wir - мы
Wirt, der - хозя́ин
wo - где
Woche, die - недéля
woher - откýда
wohin - кудá
Wohnung, die - кварти́ра
Wohnzimmer, das - гости́ная
wollen - хотéть
wünschen - желáть
würde in einem Konditionalsatz, z.B. "Wenn..., dann **würde** ich" - бы
Wurst, die - колбасá, соси́ска
Zahn- - зубнóй
Zahn, der - зуб
Zahnarzt, der - стоматóлог
Zähne (Pl.), die - зýбы
zehn - дéсять
zeigen - показáть
Zeit, die - врéмя
Zeitschrift, die - журнáл
Zeitung, die - газéта
zentral - центрáльный
Zentrum, das - центр
Zimmer, das - кóмната
Zitrone, die - лимóн
zu Fuß - пешкóм
zu Hause - дóма
zu Mittag essen - обéдать
zu, nach - ко, к
zubereiten - готóвить
Zucker, der - сáхар
Zug, der - пóезд
zurück - обрáтно
zurückgeben, abgeben - вернýть, сдавáть
zurückkehren - возвращáться
zusammen, gemeinsam - вмéсте
Zusammenfassung, die; das Resümee - конспéкт
zustimmen - соглашáться
zwanzig - двáдцать
zwei - два
zweiter - вторóй
zwischen - мéжду
zwölf - двенáдцать
zwölfter - двенáдцатый

Die 1300 wichtigen russischen Wörter

Дни неде́ли - Tage der Woche

воскресе́нье - Der Sonntag

понеде́льник - Der Montag

вто́рник - Der Dienstag

среда́ - Der Mittwoch

четве́рг - Der Donnerstag

пя́тница - Der Freitag

суббо́та - Der Samstag

неде́ля - Die Woche

день - Der Tag

ночь - Die Nacht

сего́дня - heute

вчера́ - gestern

за́втра - morgen

у́тро - Der Morgen

ве́чер - Der Abend

Ме́сяцы - Die Monate

янва́рь - Der Januar

февра́ль - Der Februar

март - Der März

апре́ль - Der April

май - Der Mai

ию́нь - Der Juni

ию́ль - Der Juli

а́вгуст - Der August

сентя́брь - Der September

октя́брь - Der Oktober

ноя́брь - Der November

дека́брь - Der Dezember

Сезо́ны го́да - Die Jahreszeiten

зима́ - Der Winter

весна́ - Der Frühling

ле́то - Der Sommer

о́сень - Der Herbst

Семья́ - Die Familie

тётя - Die Tante

брат - Der Bruder

де́ти - Die Kinder

па́па - Der Papa

дочь - Die Tochter

семья́ - Die Familie

оте́ц - Der Vater

вну́чка - Die Enkelin

де́душка - Der Großvater

ба́бушка - Die Oma

де́душка и ба́бушка - Die Großeltern

внук - Der Enkel

праде́душка - Der Urgroßvater

праба́бушка - Die Urgroßmutter

ма́ма - Die Mutter

племя́нник - Der Neffe

племя́нница - Die Nichte

роди́тели - Die Eltern

сестра́ - Die Schwester

сын - Der Sohn

дя́дя - Der Onkel

Вне́шность и ка́чества - Aussehen und Qualitäten

акти́вный - aktiv

лы́сый - kahl

хара́ктер - Der Charakter

у́мный - klug

внима́тельный - rücksichtsvoll

тво́рческий - kreativ

жесто́кий - grausam

кудря́вый - lockig

энерги́чный - energetisch

то́лстый - fett

ще́дрый - großzügig

жа́дный - gierig

волоса́тый - behaart

краси́вый - gut aussehend

до́брый - freundlich

жена́тый, заму́жняя - verheiratet

ста́рый - alt

по́лный - rundlich

ве́жливый - höflich

бе́дный, малоиму́щий - arm

краси́вая - ziemlich

бога́тый, состоя́тельный - reich

гру́бый - unhöflich

невысо́кий - kurz

холостя́к, незаму́жняя - einzig

то́щий - dünn

стро́йный - schlank

невьющийся, прямо́й - gerade

си́льный - stark

глу́пый - blöd

такти́чный - taktvoll

тала́нтливый - talentiert

высо́кий - hoch

худо́й - dünn

уро́дливый - hässlich

злой - unfreundlich

сла́бый - schwach

молодо́й - jung

Эмо́ции - Emotionen

скуча́ющий - gelangweilt

самоуве́ренный - zuversichtlich

дово́льный - zufrieden

любопы́тный - neugierig

восто́рженный - begeistert

эмо́ция - Die Emotion

взволно́ванный - aufgeregt

бестолко́вый, глу́пый - doof

счастли́вый - glücklich

наде́ющийся - hoffend

голо́дный - hungrig

одино́кий - einsam

неуда́чный - spitzbübisch

не́рвный - nervös

оби́женный - beleidigt

гру́стный, печа́льный - traurig

испу́ганный - erschrocken

в шо́ке - schockiert

со́нный - schläfrig

удивлённый - überrascht

испы́тывающий жа́жду - durstig

уста́вший - müde

Оде́жда - Kleider

ку́ртка с капюшо́ном - Der Anorak

реме́нь - Der Gürtel

блу́зка - Die Bluse

боти́нки - Der Stiefel

брасле́т - Das Armband

ке́пка - Die Kappe

шерстяна́я ко́фта - Die Strickjacke

оде́жда - Die Kleider

пальто́ - Der Mantel

пла́тье - Das Kleid

серёжка - Der Ohrring

шу́ба - Der Pelzmantel

очки́ - Die Brille

перча́тка - Der Handschuh

шля́па - Der Hut

ку́ртка - Die Jacke

джи́нсы - Die Jeans

вя́заный сви́тер - Das Trikot

колье́ - Die Halskette

ночну́шка - Das Nachthemd

пижа́ма - Der Pyjama

плащ - Die Regenjacke

кольцо́ - Der Ring

санда́лии - Die Sandalen

шарф - Der Schal

руба́шка - Das Hemd

ту́фли - Die Schuhe

шо́рты - Die kurze Hose

ю́бка - Der Rock

та́почки - Die Hausschuhe

кроссо́вки - Die Turnschuhe

носки́ - Die Socken

чулки́ - Die Strümpfe

костю́м - Der Anzug

сви́тер - Das Sweatshirt

купа́льник - Der Badeanzug

га́лстук - Die Krawatte

колго́тки - Die Strumpfhose

спорти́вный костю́м - Der Trainingsanzug

брю́ки - Die Hose

футбо́лка - Das T-Shirt

зонт - Der Regenschirm

штаны́ - Die Hose

часы́ - Die Uhr

Дом и ме́бель - Haus und Möbel

буди́льник - Der Wecker

кварти́ра - Die Wohnung

балко́н - Der Balkon

ва́нная ко́мната - Das Badezimmer

крова́ть, посте́ль - Das Bett

спа́льня - Das Schlafzimmer

посте́льное покрыва́ло - Die Tagesdecke

скамья́, ла́вка - Die Bank

одея́ло - Die Decke

кни́жный шкаф - Das Bücherregal

ковёр - Der Teppich

шкату́лка - Die Schatulle

стул; кре́сло - Der Sessel

шкаф - Der Wandschrank

буфе́т, серва́нт - Der Schrank

занаве́ска - Der Vorhang

рабо́чий стол - Der Schreibtisch

столо́вая - Das Esszimmer

дверь - Die Tür

дверно́й звоно́к - Die Türklingel

ни́жний эта́ж - unten

ме́бель - Die Möbel

гара́ж - Die Garage

зал - Der Flur

коридо́р - Der Korridor

дом - Das Haus

интерье́р - Das Innere

ку́хня - Die Küche

ла́мпа, свети́льник - Die Lampe

гости́ная - Das Wohnzimmer

почто́вый я́щик - Der Briefkasten

матра́ц - Die Matratze

зе́ркало - Der Spiegel

ту́мбочка - Der Nachttisch

карти́на; рису́нок - Das Bild

поду́шка - Das Kissen

на́волочка - Der Kissenbezug

кры́ша, кро́вля - Das Dach

ко́мната; помеще́ние - Das Zimmer

сейф - Der Safe

простыня́ - Das Blatt

по́лка - Das Regal

душ - Die Dusche

дива́н - Das Sofa

ле́стница - Die Treppe

табуре́т - Der Schemel

стол - Die Tabelle

туале́т, унита́з - Die Toilette

ве́рхний эта́ж - nach oben

окно́ - Das Fenster

Ку́хня - Die Küche

конфо́рка - Der Brenner

шкаф с я́щиками - Der Küchenschrank

конте́йнер - Der Kanister

стул - Der Sessel

кни́га с реце́птами - Das Kochbuch

посудомо́ечная маши́на - Der Geschirrspüler

водопрово́дный кран - Der Wasserhahn

морози́льная ка́мера - Der Gefrierschrank

ку́хня - Die Küche

ку́хонная посу́да - Das Geschirr

микрово́лновая печь - Die Mikrowelle

духо́вка - Der Ofen

холоди́льник - Der Kühlschrank

ра́ковина - Das Waschbecken

гу́бка - Der Schwamm

печь, пе́чка - Der Herd

стол - Die Tabelle

то́стер - Der Toaster

полоте́нце - Das Handtuch

Посу́да - Das Geschirr

буты́лка - Die Flasche

ми́ска - Die Schüssel

кофе́йник - Die Kaffeetasse

ча́шка - Die Tasse

ви́лка - Die Gabel

сковорода́ - Die Bratpfanne

стака́н - Das Glas

кувши́н - Der Krug

ча́йник - Der Kessel

нож - Das Messer

кры́шка - Der Deckel

кру́жка - Der Becher

салфе́тка - Die Serviette

кастрю́ля - Die Pfanne

пе́речница - Der Pfefferstreuer

таре́лка - Der Teller

соло́нка - Der Salzstreuer

кастрю́ля для со́уса - Der Kochtopf

ло́жка - Der Löffel

са́харница - Die Zuckerschüssel

посу́да - Das Geschirr

ча́йник для зава́рки - Die Teekanne

Еда́ - Essen

вы́печенный - gebacken

фасо́ль - Die Bohne

говя́дина - Das Rindfleisch

го́рький - bitter

хлеб - Das Brot

ма́сло - Die Butter

торт - Der Kuchen

конфе́та - Die Süßigkeiten

икра́ - Der Kaviar

сыр - Der Käse

цыплёнок - Das Hähnchen

шокола́д - Die Schokolade

кокте́йль - Der Cocktail

кака́о - Der Kakao

ко́фе - Der Kaffee

пече́нье - Das Plätzchen

круасса́н - Das Croissant

котле́та - Das Kotelett

яйцо́ - Das Ei

ры́ба - Der Fisch

му́ка - Das Mehl

еда́ - Das Lebensmittel

жа́реный - gebraten

фру́кты - Die Frucht

ветчина́ - Der Schinken

моро́женое - Das Eis

варе́нье; джем - Die Marmelade

желе́ - Das Gelee

сок - Der Saft

ке́тчуп - Der Ketchup

макаро́ны - Die Makkaroni

майоне́з - Die Mayonnaise

мя́со - Das Fleisch

молоко́ - Die Milch

блин, ола́дья - Der Pfannkuchen

вермише́ль - Die Pasta

пе́рец - Der Pfeffer

пиро́г - Der Kuchen

пи́цца - Die Pizza

свини́на - Das Schweinefleisch

ка́ша - Der Haferbrei

карто́фель - Die Kartoffel

рис - Der Reis

сала́т - Der Salat

соль - Das Salz

солёный - gesalzen

бутербро́д - Das Sandwich

со́ус - Die Soße

колбаса́, соси́ска - Die Wurst

суп - Die Suppe

ки́слый - sauer

спе́ция, пря́ность - würzen

бифште́кс, стейк - Das Steak

са́хар - Der Zucker

сла́дкий - süß

чай - Der Tee

о́вощи - Das Gemüse

Мя́со и ры́ба - Fleisch und Fisch

мя́со - Das Fleisch

говя́дина - Das Rindfleisch

ягнёнок - Das Lamm

бара́нина - Das Hammelfleisch

свини́на - Das Schweinefleisch

теля́тина - Das Kalbfleisch

олени́на - Das Wild

беко́н - Der Speck

ветчина́ - Der Schinken

печёнка - Die Leber

по́чки - Die Nieren

дома́шняя пти́ца - Das Geflügel

ку́рица - Das Hähnchen

инде́йка - Der Truthahn

у́тка - Die Ente

гусь - Die Gans

ры́ба - Der Fisch

треска́ - Der Kabeljau

форе́ль - Die Forelle

лосо́сь - Der Lachs

хек - Der Seehecht

ка́мбала - Die Scholle

ску́мбрия - Die Makrele

сарди́на - Die Sardine

селёдка - Der Hering

морепроду́кты - Die Meeresfrüchte

креве́тка - Die Garnele

ме́лкая креве́тка - Die Garnele

ми́дия - Die Muschel

у́стрица - Die Auster

ома́р - Der Hummer

кальма́р - Der Tintenfisch

краб - Die Krabbe

Фру́кты - Die Frucht

я́блоко - Der Apfel

абрико́с - Die Aprikose

бана́н - Die Banane

фрукт - Die Frucht

виногра́д - Die Traube

гре́йпфрут - Die Grapefruit

киви - Die Kiwi

лимо́н - Die Zitrone

лайм - Die Limette

ма́нго - Die Mango

ды́ня - Die Melone

пе́рсик - Der Pfirsich

гру́ша - Die Birne

анана́с - Die Ananas

сли́ва - Die Pflaume

О́вощи - Das Gemüse

бобы́ - Die Bohnen

све́кла - Die Zuckerrüben

капу́ста - Der Kohl

морко́вь - Die Karotte

сельдере́й - Der Sellerie

огуре́ц - Die Gurke

укро́п - Der Dill

баклажа́н - Die Aubergine

чесно́к - Der Knoblauch

лук - Die Zwiebel

петру́шка - Die Petersilie

горо́х - Die Erbse

пе́рец - Der Pfeffer

карто́фель - Die Kartoffel

ты́ква - Der Kürbis

реди́с - Der Rettich

помидо́р - Die Tomate

о́вощ - Das Gemüse

Напи́тки - Die Getränke

алкого́ль, спирт - Alkohol

алкого́льный напи́ток - alkoholisches Getränk

пи́во - Das Bier

напи́ток - Das Getränk

копте́йль - Der Cocktail

кака́о - Der Kakao

ко́фе - Der Kaffee

пить, алкого́льный напи́ток - Das Getränk

фрукто́вый сок - Der Fruchtsaft

холо́дный чай - Der Eistee

сок - Der Saft

лимона́д - Die Limonade

молоко́ - Die Milch

моло́чный копте́йль - Der Milchshake

апельси́новый сок - Der Orangensaft

безалкого́льный напи́ток - Das alkoholfreie Getränk

чай - Der Tee

тома́тный сок - Der Tomatensaft

овощно́й сок - Der Gemüsesaft

вода́ - Das Wasser

вино́ - Der Wein

Приготовле́ние еды́ (гото́вка) - Das Kochen

добавля́ть - hinzufügen

печь, выпека́ть - backen

отбива́ть - schlagen

вари́ть - kochen

руби́ть - hacken

по́вар - kochen

кулина́рия, гото́вка - kochend

жа́рить - braten

тере́ть на тёрке - reiben

жа́рить на ра́шпере - grillen

пла́вить - schmelzen

кроши́ть - zerkleinern

сме́шивать - mischen

снима́ть кожуру́ - schälen

налива́ть - gießen

прожа́ривание - braten

просе́ивать - sieben

туши́ть - kochen

ре́зать ло́мтиками - schneiden

поме́шивать - rühren

мыть - waschen

взве́шивать - wiegen

сбива́ть - verquirlen

Убо́рка - Der Haushalt

прове́тривать - Die Luft

отбе́ливатель - bleichen

ве́ник - Der Besen

ведро́ - Der Eimer

мо́ющее сре́дство - Das Reinigungsmittel

прище́пка - Die Wäscheklammer

грязь - Der Schmutz

пыль, вытира́ть пыль - Der Staub

сово́к для му́сора - Die Schaufel

опустоша́ть, вытря́хивать - leer

му́сор, отбро́сы - Der Müll

убо́рка - Die Haushaltung

утю́г, утю́жить - Das Bügeleisen

глади́льная доска́ - Das Bügelbrett

сти́рка - Die Wäsche

стира́льный порошо́к - Das Waschmittel

шва́бра с тря́пкой - Der Mopp

тря́пка - Der Lappen

гу́бка - Der Schwamm

подмета́ть, мести́ - fegen

му́сорное ведро́ - Der Mülleimer

пылесо́с - Der Staubsauger

протира́ть, мыть - wischen

Ухо́д за те́лом - Die Körperpflege

ухо́д - Die Pflege

одеколо́н - Das Eau de Cologne

расчёска - Der Kamm

зубна́я нить - Die Zahnseide

дезодора́нт - Das Deodorant

фен - Der Ventilator

освежи́тель - Das Erfrischungsmittel

шпи́лька (для воло́с) - Die Haarnadel

корзи́на с кры́шкой - Der Korb

гигие́на - Die Hygiene

губна́я пома́да - Der Lippenstift

тушь для ресни́ц - Die Wimperntusche

зе́ркало - Der Spiegel

жи́дкость для полоска́ния рта - Das Mundwasser

лак для ногте́й - Die Nagelpolitur

ду́хи - Das Parfüm

бри́тва - Der Rasierer

весы́ - Die Waage

но́жницы - Die Schere

шампу́нь - Das Shampoo

крем для бритья́ - Der Rasierschaum

душ - Die Dusche

ра́ковина - Das Waschbecken

мы́ло - Die Seife

моча́лка - Der Schwamm

унита́з, туале́т - Die Toilette

зубна́я щётка - Die Zahnbürste

зубна́я па́ста - Die Zahnpasta

полоте́нце - Das Handtuch

пинце́т, щи́пчики - Die Pinzette

Пого́да - Das Wetter

лёгкий ветеро́к - Die Brise

я́сный, пого́жий - hell

холо́дный - frostig

о́блачный - bewölkt

хо́лод, холо́дный - kalt

прохла́дный - kühl

тума́н - Der Nebel

тума́нный - neblig

моро́зный - eisig

град - Der Hagel

жара́ - Die Hitze

жа́ркий - heiß

мо́лния - Der Blitz

лёгкий тума́н - Der Nebel

дождь - Der Regen

дождли́вый - regnerisch

ли́вень - Der Regenschauer

снег - Der Schnee

со́лнечный - sonnig

температу́ра - Die Temperatur

пого́да - Das Wetter

ве́тер - Der Wind

ве́треный - windig

Тра́нспорт - Der Transport

самолёт - Da**s** Flugzeug

маши́на ско́рой по́мощи - Der Krankenwagen

велосипе́д - Das Fahrrad

ло́дка, шлю́пка - Das Boot

авто́бус - Der Bus

автомоби́ль - Das Auto

вертолёт - Der Hubschrauber

мотоци́кл - Das Motorrad

полице́йский автомоби́ль - Das Polizeiauto

доро́га, шоссе́ - Die Straße

па́русник - Das Segelboot

ску́тер - Der Roller

кора́бль - Das Schiff

у́лица - Die Straße

светофо́р - Die Ampel

по́езд - Der Zug

трамва́й - Die Tram

тра́нспорт - Der Transport

грузово́й автомоби́ль - Der LKW

фурго́н - Der Van

Го́род - Die Stadt

алле́я - Die Gasse

райо́н - Der Bereich

проспе́кт - Die Allee

бу́лочная, пека́рня - Die Bäckerei

банк - Die Bank

бар - Die Bar

бассе́йн - Die Badeanstalt

скамья́ - Die Bank

кни́жный магази́н - Die Buchhandlung

мост; мо́стик - Die Brücke

зда́ние, строе́ние - Das Gebäude

авто́бусная остано́вка - Die Bushaltestelle

кафе́ - Das Café

стоя́нка маши́н - Der Parkplatz

це́рковь - Die Kirche

кинотеа́тр - Das Kino

цирк - Der Zirkus

го́род (большо́й) - Die Stadt

кафе́ - Das Café

у́гол - Die Ecke

перекрёсток - Die Kreuzung

перехо́д - Die Fußgängerbrücke

зубно́й кабине́т - Die Zahnarztpraxis

универма́г - Das Kaufhaus

врачёбный кабине́т - Der Arzt

апте́ка - Die Drogerie

пожа́рное депо́ - Die Feuerwehr

цвето́чный магази́н - Das Blumengeschäft

клу́мба - Das Blumenbeet

фонта́н - Der Brunnen

галере́я - Die Galerie

автозапра́вочная ста́нция - Die Tankstelle

воро́та - Das Tor

парикма́херская - Der Friseur

больни́ца - Das Krankenhaus

гости́ница - Das Hotel

перекрёсток - Die Straßenkreuzung

библиоте́ка - Die Bibliothek

ка́рта - Die Karte

ры́нок - Der Markt

па́мятник - Das Monument

кино́ - Das Kino

музе́й - Das Museum

ночно́й клуб - Der Nachtclub

дворе́ц - Der Palast

парк - Der Park

ме́сто стоя́нки автотра́нспорта - Der Parkplatz

тротуа́р - Das Pflaster

перехо́д - Der Zebrastreifen

апте́ка - Die Apotheke

карти́нная галере́я - Die Bildergalerie

поли́ция - Die Polizei

бассе́йн - Das Schwimmbad

по́чта - Die Post

рестора́н - Das Restaurant

доро́га - Die Straße

доро́жный знак - Das Straßenschild

шко́ла - Die Schule

скамья́ - Der Sitz

магази́н - Das Geschäft

тротуа́р - Der Bürgersteig

небоскрёб - Der Wolkenkratzer

пло́щадь - Der Platz

стадио́н - Das Stadion

кио́ск - Der Stall

ста́туя - Die Statue

магази́н - Das Geschäft

у́лица - Die Straße

план го́рода - Die Straßenkarte

окра́ина, при́город - Der Vorort

подзе́мный перехо́д - Die U-Bahn

суперма́ркет - Der Supermarkt

бассе́йн - Das Schwimmbad

стоя́нка такси́ - Der Taxistand

теа́тр - Das Theater

го́род (небольшо́й) - Die Stadt

план го́рода - Der Stadtplan

центра́льная пло́щадь - Der Stadtplatz

светофо́р - Die Ampeln

ж.д. вокза́л - Der Bahnhof

метро́ - Die Untergrundbahn

подзе́мный перехо́д - Die Unterführung

университе́т - Die Universität

зоопа́рк - Der Zoo

Шко́ла - Die Schule

рюкза́к - Der Rucksack

звоно́к - Die Glocke

биоло́гия - Die Biologie

кла́ссная доска́ - Die Tafel

переме́на - Die Unterbrechung

калькуля́тор - Der Taschenrechner

стул - Der Sessel

мел - Die Kreide

хи́мия - Die Chemie

зажи́м - Die Klemme

класс - Das Klassenzimmer

скре́пка - Der Clip

планше́т с зажи́мом - Das Klemmbrett

часы́ - Die Uhr

корре́ктор - Die Korrekturflüssigkeit

уче́бный план - Der Lehrplan

па́рта - Der Schreibtisch

рисова́ние - Die Zeichnung

образова́ние - Die Bildung

рези́нка - Der Radiergummi

экза́мен - Die Prüfung

экза́мен - Die Untersuchung

па́пка - Die Datei

геогра́фия - Die Erdkunde

гло́бус - Der Globus

клей - kleben

дире́ктор шко́лы - Der Schulleiter

ма́ркер - Der Textmarker

исто́рия - Die Geschichte

кани́кулы - Der Urlaub

уро́к, заня́тие - Die Lektion

запира́ющийся шка́фчик - Das Schließfach

ка́рта - Die Karte

оце́нка - Das Kennzeichen

ма́ркер - Der Marker

матема́тика - Die Mathematik

му́зыка - Die Musik

тетра́дь - Das Notizbuch

блокно́т - Der Notizblock

канцеля́рские това́ры - Der Bürobedarf

бума́га - Das Papier

ру́чка - Der Stift

каранда́ш - Der Bleistift

пена́л - Das Mäppchen

фи́зика - Die Physik

дыроко́л - der Locher

учени́к - Der Schüler

канцеля́рская кно́пка - Die Reißzwecke

лине́йка - Das Lineal

шко́ла - Die Schule

но́жницы - Die Schere

скотч - Der Tesafilm

семе́стр - Das Semester

точи́лка - Der Anspitzer

сте́плер - Der Hefter

ско́бки для сте́плера - Die Heftklammern

канцеля́рские това́ры - Die Schreibwaren

сти́кер, накле́йка - Der Aufkleber

студе́нт - Der Schüler

кле́йкая ле́нта - Das Band

учи́тель - Der Lehrer

контро́льная рабо́та - Der Test

уче́бник - Das Lehrbuch

расписа́ние - Der Zeitplan

Профе́ссии - Die Berufe

бухга́лтер - Der Buchhalter

актёр - Der Schauspieler

администра́тор, руководи́тель - Der Administrator

архите́ктор - Der Architekt

худо́жник - Der Künstler

спортсме́н - Der Athlet

парикма́хер - Der Herrenfriseur

ба́рмен - Der Barkeeper

телохрани́тель - Der Leibwächter

строи́тель - Der Erbauer

касси́р - Der Kassierer

убо́рщик - Der Reiniger

тре́нер - Der Trainer

компози́тор - Der Komponist

консульта́нт, сове́тник - Der Berater

по́вар - Der Koch

курье́р - Der Kurier

зубно́й врач - Der Zahnarzt

констру́ктор, проектиро́вщик - Der Designer

до́ктор, врач - Der Arzt

води́тель - Der Fahrer

экономи́ст - Der Ökonom

эле́ктрик - Der Elektriker

инжене́р - Der Ingenieur

финанси́ст - Der Financier

пожа́рный - Der FeuerwehrmannDer

экскурсово́д - Der Führer

парикма́хер - Der Friseur

перево́дчик у́стный - Der Dolmetscher

журнали́ст - Der Journalist

юри́ст, адвока́т - Der Anwalt

библиоте́карь - Der Bibliothekar

управля́ющий, ме́неджер - Manager

военнослу́жащий - Der Soldat

музыка́нт - Der Musiker

медсестра́ - Die Krankenschwester

фото́граф - Der Fotograf

санте́хник - Der Klempner

полице́йский - Der Polizist

поли́тик - Der Politiker

почтальо́н - Der Briefträger

свяще́нник - Der Priester

профе́ссия - Der Beruf

программи́ст - Der Programmierer

учёный - Der Wissenschaftler

секрета́рь - Die Sekretärin

продаве́ц - Der Verkäufer

певе́ц - Der Sänger

стили́ст - Der Stylist

такси́ст - Der Taxifahrer

учи́тель - Der Lehrer

ветерина́р - Der Tierarzt

официа́нт - Die Bedienung

писа́тель - Der Schriftsteller

Де́йствия - Die Aktionen

сгиба́ть(ся) - biegen

нести́, носи́ть - tragen

лови́ть; пойма́ть - fangen

по́лзать - kriechen

ныря́ть - tauchen

тяну́ть, тащи́ть - ziehen

ударя́ть (по чему-л.) - schlagen

держа́ть; обнима́ть - halten

подпры́гивать - hüpfen

пры́гать, скака́ть - springen

бить ного́й - treten

прислоня́ть, опира́ть - lehnen

подня́тие, поднима́ть - aufheben

маршировáть - marschieren

тяну́ть, тащи́ть - ziehen

толка́ть; пиха́ть - drücken

класть, ста́вить - stellen

бежа́ть, бе́гать - laufen

сиде́ть; сади́ться - sitzen

пры́гать, скака́ть - überspringen

шлёпать, хло́пать - schlagen

приседа́ть - hocken

тяну́ться, вытя́гиваться - strecken

броса́ть, кида́ть - werfen

ходи́ть на цы́почках - auf Zehenspitzen gehen

идти́, ходи́ть - gehen

Му́зыка - Die Musik

аккомпанеме́нт - Die musikalische Begleitung

аккордео́н - Das Akkordeon

альбо́м - Das Album

волы́нка - Der Dudelsack

балала́йка - Die Balalaika

бале́т - Das Ballett

гру́ппа - Das Band

контраба́с - Der Bass

фаго́т - Das Fagott

дирижёрская па́лочка - Der Taktstock

смычо́к - Der Bogen

ме́дные духовы́е инструме́нты - Die Blechbläser

виолонче́ль - Das Cello

ка́мерная му́зыка - Die Kammermusik

кларне́т - Die Klarinette

класси́ческая му́зыка - Die klassische Musik

писа́ть му́зыку - komponieren

компози́тор - Der Komponist

конце́рт - Das Konzert

дирижёр - Der Dirigent

таре́лки - Das Becken

бараба́н - Die Trommel

бараба́нные па́лочки - Die Trommelstöcke

фле́йта - Die Flöte

роя́ль - Der Konzertflügel

гита́ра - Die Gitarre

а́рфа - Die Harfe

рожо́к - Das Horn

инструмента́льная му́зыка - Die Instrumentalmusik

дина́мик, громкоговори́тель - Der Lautsprecher

микрофо́н - Das Mikrofon

музыка́льные инструме́нты - Die Musikinstrumente

музыка́нт - Der Musiker

гобо́й - Die Oboe

о́пера - Die Oper

опере́тта - Die Operette

орке́стр - Das Orchester

о́рган - Die Orgel

перку́ссия, уда́рные инструме́нты - Das Schlagzeug

пиани́но - Das Klavier

со́льный конце́рт - Die Aufführung

саксофо́н - Das Saxophon

сингл пе́сня - Die Single

соли́ст - Der Solist

пе́сня - Das Lied

звук - Der Klang

стру́нные инструме́нты - Die Streichinstrumente

симфо́ния - Die Symphonie

синтеза́тор - Der Synthesizer

запи́сывать но́тами - transkribieren

тромбо́н - Die Posaune

труба́ - Die Trompete

ту́ба - Die Tuba

видео-клип - Das Video (Clip)

альт - Die Viola

скри́пка - Die Geige

виртуо́з - Der Virtuose

духовы́е инструме́нты - Die Blasinstrumente

Спо́рт - Der Sport

аэро́бика - Das Aerobic

атле́тика - die Leichtathletik

баскетбо́л - Das Basketballspiel

бо́улинг - Das Bowling

бокс - Das Boxen

гре́бля на кано́э - Der Kanusport

езда́ на велосипе́де - Das Radfahren

та́нцы - Das Tanzen

прыжки́ в во́ду, погруже́ние - Das Tauchen

футбо́л - Das Fußballspiel

гольф - Das Golf

гимна́стика - Die Gymnastik

хокке́й - Das Eishockey

пробе́жка, бег трусцо́й - Das Jogging

дзюдо́ - Das Judo

кара́те - Das Karate

парашю́тный спорт - Das Fallschirmspringen

насто́льный те́ннис - Das Tischtennis

го́нки - Das Rennen

пла́вание под паруса́ми - Das Segeln

стрельба́ - Das Schießen

ката́ние на ро́ликовой доске́ - Das Skateboarding

ката́ние на конька́х - Das Skaten

ката́ние на лы́жах - Das Skifahren

ката́ние на саня́х - Das Schlittenfahren

пла́вание - Das Schwimmen

футбо́л - Das Fußballspiel

те́ннис - Das Tennis

волейбо́л. - Das Volleyballspiel

тяжёлая атле́тика - Das Gewichtheben

соревнова́ние по борьбе́ - Das Ringen

па́русный спорт - Das Segeln

Те́ло - Der Körper

лоды́жка - Der Knöchel

рука́ - Der Arm

спина́ - Der Rücken

лы́сый - kahl

борода́ - Der Bart

те́ло - Der Körper

зад - Das Gesäß

икра́ (икры́ ног) - Die Waden

щека́ - Die Wange

грудна́я кле́тка - Die Brust

подборо́док - Das Kinn

ло́коть - Der Ellbogen

глаз, глаза́ - Das Auge (die Augen)

бровь - Die Augenbraue

ресни́ца - Die Wimper

ве́ко - Das Augenlid

лицо́ - Das Gesicht

па́лец - Der Finger

но́готь - Der Fingernagel

стопа́ (стопы́) - Der Fuß (die Füße)

лоб - Die Stirn

очки́ - Die Brille

во́лосы - Das Haar

волоса́тый - behaart

кисть руки́ - Die Hand

голова́ - Der Kopf

пя́тка - Die Hacke

указа́тельный па́лец - Der Zeigefinger

коле́но - Das Knie

нога́ - Das Bein

губа́, гу́бы - Die Lippe(n)

мизи́нец - Der kleine Finger

челове́к, мужчи́на - Der Mann

сре́дний па́лец - Der Mittelfinger

усы́ - Der Schnurrbart

рот - Der Mund

ше́я - Der Hals

нос - Die Nase

ладо́нь - Die Handinnenfläche

зрачо́к - Die Pupille

безымя́нный па́лец - Der Ringfinger

го́лень - Das Schienbein

плечо́ - Die Schulter

живо́т, желу́док - Der Bauch

солнцезащи́тные очки́ - Die Sonnenbrille

бедро́ - Der Schenkel

большо́й па́лец - Der Daumen

па́лец ноги́ - Die Zehe

но́готь на па́льце ноги́ - Der Zehennagel

язы́к - Die Zunge

зуб, зу́бы - Der Zahn (die Zähne)

та́лия - Die Taille

же́нщина - Die Frau

Приро́да - Die Natur

бе́рег, пляж - Der Strand

каньо́н - Die Schlucht

морско́е побере́жье - Die Küste

пусты́ня - Die Wüste

по́ле, луг - Das Feld

лес - Der Wald

ледни́к - Der Gletscher

холм, возвы́шенность - Der Hügel

низи́на, впа́дина - Die Höhle

о́стров - Die Insel

джу́нгли, де́бри - Der Dschungel

о́зеро - Die See

гора́ - Der Berg

приро́да - Die Natur

океа́н - Der Ozean

равни́на - Die Ebene

пруд - Der Teich

река́ - Der Fluss

скала́, ка́мень - Der Felsen

мо́ре - Das Meer

Дома́шнее живо́тное - Das Haustier

кот, ко́шка - Die Katze

соба́ка - Der Hund

морска́я сви́нка - Das Meerschweinchen

хомя́к - Der Hamster

ло́шадь - Das Pferd

котёнок - Das Kätzchen

дома́шнее живо́тное - Das Haustier

свинья́ - Das Schwein

поросёнок - Das Ferkel

щено́к - Der Welpe

кро́лик - Der Hase

Живо́тные - Die Tiere

живо́тное - Das Tier

лету́чая мышь - Die Fledermaus

медве́дь - Der Bär

бобёр - Der Biber

бизо́н - Der Bison

верблю́д - Das Kamel

шимпанзе́ - Der Schimpanse

оле́нь - Der Hirsch

осёл - Der Esel

слон - Der Elefant

лиса́ - Der Fuchs

жира́ф - Die Giraffe

гори́лла - Der Gorilla

бегемо́т - Das Nilpferd

конь, ло́шадь - Das Pferd

гие́на - Die Hyäne

кенгуру́ - Das Känguru

коа́ла - Der Koala

леопа́рд - Der Leopard

лев - Der Löwe
ла́ма - Das Lama
обезья́на - Der Affe
лось - Der Elch
мышь - Die Maus
па́нда - Der Pandabär
каба́н - Das Schwein
за́яц - Der Hase
кры́са - Die Ratte
носоро́г - Das Nashorn
скунс - Der Skunk
бе́лка - Das Eichhörnchen
тигр - Der Tiger
волк - Der Wolf
зе́бра - Das Zebra

Пти́цы - Die Vögel

пти́ца - Der Vogel
канаре́йка - Der Kanarienvogel
ку́рица - Das Hühnchen
жура́вль, ца́пля - Der Kranich
воро́на - Die Krähe
куку́шка - Der Kuckuck
у́тка - Die Ente
орёл - Der Adler
флами́нго - Der Flamingo
гусь - Die Gans
со́кол - Der Falke
коли́бри - Der Kolibri
стра́ус - Der Vogel Strauß
сова́, фи́лин - Die Eule
попуга́й - Der Papagei
павли́н - Der Pfau
пелика́н - Der Pelikan
пингви́н - Der Pinguin
фаза́н - Der Fasan
го́лубь - Die Taube
ча́йка - Die Möwe
воробе́й - Der Spatz
а́ист - Der Storch
ла́сточка - Die Schwalbe
ле́бедь - Der Schwan
дя́тел - Der Specht

Цветы́ - Die Blumen

буке́т - Der Strauß
каме́лия - Die Kamelie
гвозди́ка - Die Nelke
кро́кус - Der Krokus
нарци́сс - Die Narzisse
георги́на - Die Dahlie
маргари́тка - Das Gänseblümchen
одува́нчик - Der Löwenzahn
цвето́к - Die Blume
гладио́лус - Die Gladiole
и́рис - Die Iris
лава́нда - Das Lavendel
ли́лия - Die Lilie
ло́тос - Der Lotus
нарци́сс - Die Narzisse

орхиде́я - Die Orchidee

пио́н - Die Pfingstrose

мак - Der Mohn

ро́за - Die Rose

подсне́жник - Das Schneeglöckchen

подсо́лнух - Die Sonnenblume

тюльпа́н - Die Tulpe

фиа́лка - Das Veilchen

Дере́вья - Die Bäume

кора́ - Die Akazie

бук - Die Buche

берёза - Die Birke

ве́тка - Der Ast

кашта́н - Die Kastanie

ши́шка - Der Kegel

ель - Die Tanne

лес - Der Wald

лист - Das Blatt

ли́па - Die Linde

клён - Der Ahorn

дуб - Die Eiche

па́льма - Die Palme

сосна́ - Die Kiefer

то́поль - Die Pappel

ко́рень - Die Wurzel

де́рево - Der Baum

ствол - Der Baumstamm

и́ва - Die Weide

Мо́ре - Das Meer

аллига́тор - Der Alligator

кашало́т - Der Cachalot

кора́лл - Die Koralle

краб - Die Krabbe

речно́й рак - Der Flusskrebs

крокоди́л - Das Krokodil

дельфи́н - Der Delfin

ры́ба - Der Fisch

лягу́шка - Der Frosch

меду́за - Die Qualle

ома́р - Der Hummer

моллюск - Das Weichtier

океа́н - Der Ozean

осьмино́г - Der Tintenfisch

вы́дра - Der Otter

мо́ре - Das Meer

морска́я змея́ - Die Seeschlange

тюле́нь - Der Seehund

аку́ла - Der Hai

ракообра́зное - Die Meeresfrüchte

креве́тка - Die Garnele

ули́тка - Die Schnecke

морска́я звезда́ - Der Seestern

рыба-меч - Der Schwertfisch

черепа́ха земна́я - Die Schildkröte

черепа́ха - Die Schildkröte

морж - Das Walross

кит - Der Wal

Цвета́ - Die Farben

жёлтый - gelb

зелёный - grün

голубо́й, си́ний - blau

кори́чневый - braun

бе́лый - weiß

кра́сный - rot

ора́нжевый - orange

ро́зовый - rosa

се́рый - grau

чёрный - schwarz

Разме́р - Die Größe

разме́р - Die Größe

ма́ленький - klein

большо́й - groß

сре́дний - mittel

ма́ленький - klein

большо́й - groß

огро́мный - enorm

дли́нный - lang

коро́ткий - kurz

широ́кий - breit

у́зкий - eng

высо́кий - hoch

высо́кий - groß

ни́зкий - niedrig

глубо́кий - tief

ме́лкий - flach

то́лстый - dick

то́нкий - dünn

далеко́ - weit

бли́зко - in der Nähe von

Материа́лы - Die Materialien

кирпи́ч - Der Ziegel

карто́н - Der Karton

гли́на - Der Lehm

ткань - Das Tuch

бето́н - Der Beton

стекло́ - Das Glas

ко́жа - Das Leder

материа́л - Das Material

мета́лл - Das Metall

бума́га - Das Papier

пла́стик - Der Kunststoff

рези́на - Das Gummi

ка́мень - Der Stein

древеси́на - Das Holz

ткань - Der Stoff

Аэропо́рт - Der Flughafen

самолёт - Das Flugzeug

аэропо́рт - Der Flughafen

прохо́д - Der Gang

подлоко́тник - Die Armlehne

рюкза́к - Der Rucksack

бага́ж - Das Gepäck

поса́дка (на борт) - Das Einsteigen

сало́н (самолёта) - Die Kabine

ручная кладь - Das Fortfahren

кабина (самолёта) - Der Cockpit

таможня - Der Zoll

задержка - Die Verzögerung

место назначения - Das Reiseziel

авария - Der Notfall

рейс - Der Flug

корпус, фюзеляж - Der Rumpf

вход / выход - Das Gate

посадка, приземление - Die Landung

туалет - Die Toilette

спасательный жилет - Die Rettungsweste

жидкость - Die Flüssigkeit

пассажир - Der Passagier

паспорт - Der Reisepass

взлётно-посадочная полоса - Die Startbahn

расписание - Der Zeitplan

сиденье, место - Der Sitz

охранник - Der Sicherheitsbeamte

чемодан - Der Koffer

хвост - Das Heck

взлёт - Das Abheben

терминал - Der Terminal

билет - Die Fahrkarte

тележка - Der Wagen

шасси - Das Fahrwerk

виза - Das Visum

окно - Das Fenster

крыло - Der Flügel

География - Die Erdkunde

район, область - Der Bereich

столица - Die Hauptstadt

город - Die Stadt

страна - Das Land

район - Der Kreis

край, область - Die Region

государство / штат - Das Bundesland

небольшой город - Die Stadt

деревня - Das Dorf

мыс - Das Kap

отвесная скала, утёс - Das Kliff

ледник - Der Gletscher

холм - Der Hügel

гора - Der Berg

горная цепь - Die Bergkette / Bergkette -

ущелье - Der Pass

пик - Die Spitze

равнина - Die Ebene

плато, плоскогорье - Das Plateau

вершина - Der Gipfel

долина - Das Tal

вулкан - Der Vulkan

пустыня - Die Wüste

экватор - Der Äquator

лес - Der Wald

горная местность - Das Hochland

джунгли - Der Dschungel

ни́зменность - Das Tiefland

оа́зис - Die Oase

боло́то, топь - Der Sumpf

тро́пики - Die Tropen

ту́ндра - Die Tundra

кана́л - Der Kanal

о́зеро - Die See

океа́н - Der Ozean

океани́ческое тече́ние - Die Meeresströmung

пруд, за́водь, водоём - Der Pool / Teich

река́ - Der Fluss

мо́ре - Das Meer

исто́чник, родни́к, ключ - Die Quelle

руче́й - Der Strom

Преступле́ния - Das Verbrechen

поджо́г - Die Brandstiftung

вооружённое / разбо́йное нападе́ние - Der Angriff

двоежёнство - Die Bigamie

шанта́ж - Die Erpressung

взя́точничество - Die Bestechung

кра́жа со взло́мом - Der Einbruch

жесто́кое обраще́ние с ребёнком - Der Kindesmissbrauch

за́говор - Die Verschwörung

шпиона́ж - Die Spionage

подде́лка - Die Fälschung

моше́нничество - Der Betrug

геноци́д - Der Völkermord

уго́н тра́нспортного сре́дства - Die Entführung

уби́йство - Der Mord

похище́ние люде́й - Die Entführung

непредумы́шленное уби́йство - Der Totschlag

у́личное ограбле́ние - Der Überfall

уби́йство - Der Mord

лжесвиде́тельство - Der Meineid

изнаси́лование - Die Vergewaltigung

бунт - Das Randalieren

ограбле́ние - Der Raub

воровство́ в магази́не - Der Ladendiebstahl

клевета́ - Die Verleumdung

контраба́нда - Der Schmuggel

госуда́рственная изме́на - Der Verrat

наруше́ние, вторже́ние - Das unerlaubte Betreten

Чи́сла - Nummern

оди́н - eins

два - zwei

три - drei

четы́ре - vier

пять - fünf

шесть - sechs

семь - Sieben

во́семь - acht

де́вять - neun

де́сять - zehn

оди́ннадцать - elf

двена́дцать - zwölf

трина́дцать - dreizehn

четы́рнадцать - vierzehn

пятна́дцать - fünfzehn

шестна́дцать - sechzehn

семна́дцать - siebzehn

восемна́дцать - achtzehn

девятна́дцать - neunzehn

два́дцать - zwanzig

два́дцать оди́н - einundzwanzig

два́дцать два - zweiundzwanzig

три́дцать - dreißig

со́рок - vierzig

пятьдеся́т - fünfzig

шестьдеся́т - sechzig

се́мьдесят - siebzig

во́семьдесят - achtzig

девяно́сто - neunzig

сто - einhundert

сто оди́н - einhundertundeins ...

две́сти - zweihundert

ты́сяча - eintausend

миллио́н - eine Million

Поря́дковые числи́тельные - Ordnungszahlen

пе́рвый - erste

второ́й - zweite

тре́тий - dritte

четвёртый - vierte

пя́тый - fünfte

шесто́й - sechste

седьмо́й - siebte

восьмо́й - achte

девя́тый - neunte

деся́тый - zehnte

оди́ннадцатый - elfte

двена́дцатый - zwölfte

трина́дцатый - dreizehnte

четы́рнадцатый - vierzehnte

пятна́дцатый - fünfzehnte

шестна́дцатый - sechzehnte

семна́дцатый - siebzehnte

восемна́дцатый - achtzehnte

девятна́дцатый - neunzehnte

двадца́тый - zwanzigste

два́дцать пе́рвый - einundzwanzigste

два́дцать второ́й - zweiundzwanzigste

два́дцать тре́тий - dreiundzwanzigste

два́дцать четвёртый - vierundzwanzigste

два́дцать пя́тый - fünfundzwanzigste

два́дцать шесто́й - sechsundzwanzigste

два́дцать седьмо́й - siebenundzwanzigste

два́дцать восьмо́й - achtundzwanzigste

два́дцать девя́тый - neunundzwanzigste

тридца́тый - dreißigste

сороково́й - vierzigste

пятидеся́тый - fünfzigste

шестидеся́тый - sechzigste

семидеся́тый - siebzigste

восьмидеся́тый - achtzigste

девяно́стый - neunzigste

со́тый - hundertste
ты́сячный - tausendste
миллио́нный - millionste

☐ Приложе́ния - Anlagen

Anlage 1 Kasus der Substantive und Adjektive im Singular

Maskulinum

Kasus / Fragen

Имени́тельный/Nominativ / Кто? Что? / Э́тот **челове́к** хоро́ший. Dieser Mensch ist gut.

Роди́тельный/Genitiv / Кого́? Чего́? Чей? / Вот па́спорт э́того хоро́шего **челове́ка**. Das ist der Pass dieses guten Menschen.

Да́тельный/Dativ / Кому́? Чему́? / Да́йте воды́ э́тому хоро́шему **челове́ку**. Geben Sie diesem guten Menschen Wasser.

Вини́тельный/Akkusativ / Кого́? Что? / Я зна́ю э́того хоро́шего **челове́ка**. Ich kenne diesen guten Menschen.

Твори́тельный/Instrumental / (С) кем? (С) чем? / Я знако́м с э́тим хоро́шим **челове́ком**. Ich bin mit diesem guten Menschen bekannt.

Предло́жный/Präpositiv / О ком? О чём? / Я слы́шал об э́том хоро́шем **челове́ке**. Ich habe von diesem guten Menschen gehört.

Femininum

Kasus / Fragen

Имени́тельный/Nominativ / Кто? Что? / Э́та **же́нщина** хоро́шая. Diese Frau ist gut.

Роди́тельный/Genitiv / Кого́? Чего́? Чей? / Вот па́спорт э́той хоро́шей **же́нщины**. Das ist der Pass dieser guten Frau.

Да́тельный/Dativ / Кому́? Чему́? / Да́йте воды́ э́той хоро́шей **же́нщине**. Geben Sie dieser guten Frau Wasser.

Вини́тельный/Akkusativ / Кого́? Что? / Я зна́ю э́ту хоро́шую **же́нщину**. Ich kenne diese gute Frau.

Твори́тельный/Instrumental / (С) кем? (С) чем? / Я знако́м с э́той хоро́шей **же́нщиной**. Ich bin mit dieser guten Frau bekannt.

Предло́жный/Präpositiv / О ком? О чём? / Я слы́шал об э́той хоро́шей **же́нщине**. Ich habe von dieser guten Frau gehört.

Neutrum

Kasus / Fragen

Имени́тельный/Nominativ / Кто? Что? / Э́то **письмо́** ва́жное. Dieser Brief ist wichtig.

Роди́тельный/Genitiv / Кого́? Чего́? Чей? / Вот а́дрес э́того ва́жного **письма́**. Das ist die Adresse dieses wichtigen Briefs.

Да́тельный/Dativ / Кому́? Чему́? / Удели́те внима́ние э́тому ва́жному **письму́**. Lenken Sie ihre Aufmerksamkeit auf diesen wichtigen Brief.

Вини́тельный/Akkusativ / Кого́? Что? / Я прочита́л э́то ва́жное **письмо́**. Ich habe diesen wichtigen Brief gelesen.
Твори́тельный/Instrumental / (С) кем? (С) чем? / Я знако́м с э́тим ва́жным **письмо́м**. Ich kenne diesen wichtigen Brief.
Предло́жный/Präpositiv / О ком? О чём? / Я зна́ю об э́том ва́жном **письме́**. Ich habe von diesem wichtigen Brief erfahren.

Anlage 2 Demonstrativpronomen э́тот - dieser

Geschlecht: Maskulinum / Femininum / Neutrum / Plural
Nominativ: Э́тот / Э́та / Э́то / Э́ти
Akkusativ belebt: Э́того / Э́ту / Э́то / Э́тих
Akkusativ unbelebt: Э́тот / Э́ту / Э́то / Э́ти
Genitiv: Э́того / Э́той / Э́того / Э́тих
Dativ: Э́тому / Э́той / Э́тому / Э́тим
Instrumental: Э́тим / Э́той / Э́тим / Э́тими
Präpositiv: Э́том / Э́той / Э́том / Э́тих

Anlage 3 Kasus der Substantive und Adjektive im Plural

Maskulinum

Kasus / Fragen
Имени́тельный/Nominativ / Кто? Что? / Э́ти **студе́нты** хоро́шие. Diese Studenten sind gut.
Роди́тельный/Genitiv / Кого́? Чего́? Чей? / Вот паспорта́ э́тих хоро́ших **студе́нтов**. Das sind die Pässe dieser guten Studenten.
Да́тельный/Dativ / Кому́? Чему́? / Да́йте воды́ э́тим хоро́шим **студе́нтам**. Geben Sie diesen guten Studenten Wasser.
Вини́тельный/Akkusativ / Кого́? Что? / Я зна́ю э́тих хоро́ших **студе́нтов**. Ich kenne diese guten Studenten.
Твори́тельный/Instrumental / (С) кем? (С) чем? / Я знаком с э́тими хоро́шими **студе́нтами**. Ich bin mit diesen guten Studenten bekannt.
Предло́жный/Präpositiv / О ком? О чём? / Я слы́шал об э́тих хоро́ших **студе́нтах**. Ich habe von diesen guten Studenten gehört.

Femininum

Kasus / Fragen
Имени́тельный/Nominativ / Кто? Что? / Э́ти **женщины** хоро́шие. Diese Frauen sind gut.
Роди́тельный/Genitiv / Кого́? Чего́? Чей? / Вот паспорта́ э́тих хоро́ших **же́нщин**. Das sind die Pässe dieser guten Frauen.

Да́тельный/Dativ / Кому́? Чему́? / Да́йте воды́ э́тим хоро́шим **же́нщинам**. Geben Sie diesen guten Frauen Wasser.
Вини́тельный/Akkusativ / Кого́? Что? / Я зна́ю э́тих хоро́ших **же́нщин**. Ich kenne diese guten Frauen.
Твори́тельный/Instrumental / (С) кем? (С) чем? / Я знако́м с э́тими хоро́шими **же́нщинами**. Ich bin mit diesen guten Frauen bekannt.
Предло́жный/Präpositiv / О ком? О чём? / Я слы́шал об э́тих хоро́ших **же́нщинах**. Ich habe von diesen guten Frauen gehört.

Neutrum

Kasus / Fragen
Имени́тельный/Nominativ / Кто? Что? / Э́ти **пи́сьма** ва́жные. Diese Briefe sind wichtig.
Роди́тельный/Genitiv / Кого́? Чего́? Чей? / Вот адреса́ э́тих ва́жных **пи́сем**. Das sind die Adressen dieser wichtigen Briefe.
Да́тельный/Dativ / Кому́? Чему́? / Удели́те внима́ние э́тим ва́жным **пи́сьмам**. Lenken Sie ihre Aufmerksamkeit auf diese wichtigen Briefe.
Вини́тельный/Akkusativ / Кого́? Что? / Я прочита́л э́ти ва́жные **пи́сьма**. Ich habe diese wichtigen Briefe gelesen.
Твори́тельный/Instrumental / (С) кем? (С) чем? / Я знако́м с э́тими ва́жными **пи́сьмами**. Ich kenne diese wichtigen Briefe.
Предло́жный/Präpositiv / О ком? О чём? / Я зна́ю об э́тих ва́жных **пи́сьмах**. Ich habe von diesen wichtigen Briefen erfahren.

Anlage 4 Demonstrativpronomen тот - jener

Geschlecht: Maskulinum / Femininum / Neutrum / Plural
Nominativ: Тот / Та / То / Те
Akkusativ belebt: Того́ / Ту / То / Тех
Akkusativ unbelebt: Тот / Ту / То / Те
Genitiv: Того́ / Той / Того́ / Тех
Dativ: Тому́ / Той / Тому́ / Тем
Instrumental: Тем / Той / Тем / Те́ми
Präpositiv: Том / Той / Том / Тех

Anlage 5 Präteritum

Die Vergangenheit im Russischen ist ziemlich leicht zu bilden. Wenn Sie diese Form benutzen, können Sie auf Russisch etwas erzählen, was auch sehr hilfsreich ist, wenn Sie anderen Menschen von sich selbst erzählen.
Im Deutschen und im Englischen gibt es einige Formen der Vergangenheit, aber im Russischen nur eine Form - das Präteritum. Allerdings hat die russische Sprache Aspekte, die zeigen, ob die Handlung vollendet (perfekt) oder unvollendet (imperfekt) ist.

Dabei muss man das Geschlecht des Subjekts berücksichtigen. Man muss den Stamm des Verbs nehmen und eine von folgenden Endungen hinzufügen:
Maskulinum: -л : рабóтал (arbeitete) Я рабóтал вчерá. Ich arbeitete gestern.
Femininum: -ла : рабóтала (arbeitete) Онá рабóтала в пятницу. Sie arbeitete am Freitag.
Neutrum: -ло : рабóтало (arbeitete) Кафé не рабóтало на выходны́х. Im Café arbeitete man am Wochenende nicht.
Plural: -ли : рабóтали (arbeiteten). Мы рабóтали в Росси́и в прóшлом годý. Wir arbeiteten in Russland im vorigen Jahr.
Anmerkung: die Endungen des Verbs entsprechen verschiedenen Formen des Pronomens он (er). Das muss Ihnen helfen, die Formen des Verbs zu behalten. Wenn Sie solche Pronomen wie я (ich), ты (du), and Вы (Sie) benutzen, ist das vom Geschlecht der Person abhängig:
Он говори́л (er sagte)
Онá говори́ла (sie sagte)
Онó говори́ло (es sagte)
Они́ говори́ли (sie sagten)
Мы говори́ли (wir sagten)
Я говори́л (ich sagte) - männliche Person
Я говори́ла (ich sagte) - weibliche Person
Ты говори́л (du sagtest) - sich wenden an männliche Person
Ты говори́ла (du sagtest) - sich wenden an weibliche Person
Евгéний говори́л (Eugen sagte)
Продавéц говори́л (Der Verkäufer sagte)
Áнна говори́ла (Anna sagte)
Дочь говори́ла (Tochter sagte)

Anlage 6 Vorsilben des Verbs der Bewegung

Imperfekt / Perfekt
входи́ть / войти́ eintreten
выходи́ть / вы́йти austreten
всходи́ть / взойти́ aufsteigen
доходи́ть / дойти́ erreichen
заходи́ть / зайти́ vorbeikommen, abholen
обходи́ть / обойти́ umgehen
отходи́ть / отойти́ weggehen
переходи́ть / перейти́ übergehen
подходи́ть / подойти́ herankommen
приходи́ть / прийти́ kommen

проходи́ть / пройти́ durchgehen
сходи́ть / сойти́ hinuntergehen
уходи́ть / уйти́ gehen

Anlage 7 Konjugierte Verben

Imperfekt / Perfekt / Übersetzung
Бе́гать / Побежа́ть / laufen
Броди́ть / Побрести́ / wandern
Быть / Побы́ть / sein
Ви́деть / Уви́деть / sehen
Води́ть / Повести́ / führen
Вози́ть / Повезти́ / führen
Говори́ть / Сказа́ть / sprechen, sagen
Гоня́ть / Погна́ть / treiben
Дава́ть / Дать / geben
Де́лать / Сде́лать / machen, tun
Ду́мать / Поду́мать / denken
Е́здить / Пое́хать / fahren
Есть / Съесть / essen
Жить / Прожи́ть / leben
Знать / Узна́ть / wissen, kennen
Изуча́ть / Изучи́ть / studieren
Име́ть / haben
Ла́зить / Поле́зть / klettern
Лета́ть / Полете́ть / fliegen
Люби́ть / Полюби́ть / lieben
Мочь / Смочь / können
Носи́ть / Понести́ / tragen
Пла́вать / Поплы́ть / schwimmen
По́лзать / Поползти́ / kriechen
Понима́ть / Поня́ть / verstehen
Рабо́тать / Порабо́тать /arbeiten
Сиде́ть / Посиде́ть / sitzen
Слу́шать(-ся) / Послу́шать(-ся) / hören (gehorchen)
Смотре́ть(-ся) / Посмотре́ть(-ся) / sehen (sich besehen), schauen
Спра́шивать / Спроси́ть / fragen
Станови́ться / Стать / werden
Стоя́ть / Постоя́ть / stehen
Таска́ть / Потащи́ть / schleppen
Ходи́ть / Пойти́ / gehen
Хоте́ть(-ся) / Захоте́ть(-ся) / wollen, wünschen
Чита́ть / Прочита́ть / lesen

Anlage 8 Personalpronomen

Singular

1. Person / 2. Person / 3. Person (Mask.) / 3. Person (Fem.) / 3. Person (Neut.)
Nominativ: Я / Ты / Он / Она́ / Оно́ Ich, Du, Er, Sie, Es
Akkusativ: Меня́ / Тебя́ / Его́ / Её / Его́ Mich, Dich, Ihn, Ihr, Es
Genitiv: Меня́ / Тебя́ / Его́ / Её / Его́
Dativ: Мне / Тебе́ / Ему́ / Ей / Ему́ Mir, Dir, Ihm, Ihr, Ihm
Instrumental: Мной / Тобо́й / Им / Ей / Им von (mit) Mir, Dir, Ihm, Ihr, Ihm
Präpositiv: Мне / Тебе́ / Нём / Ней / Нём von Mir, Dir, Ihm, Ihr, Ihm

Plural

1. Person / 2. Person / 3. Person
Nominativ: Мы / Вы / Они́ Wir, Sie, Sie
Akkusativ: Нас / Вас / Их Uns, Sie, Sie
Genitiv: Нас / Вас / Их

Dativ: Нам / Вам / Им Uns, Ihnen, Ihnen
Instrumental: Нáми / Вáми / Йми von (mit) Uns, Ihnen, Ihnen
Präpositiv: Нас / Вас / Них von Uns, Ihnen, Ihnen

Anlage 9 Possessivpronomen

1. Person „Mein"

Mask. / Fem. / Neut. / Plural
Nominativ: Мой / Моя́ / Моё / Мои́
Akkusativ belebt: Моегó / Мо́ю / Моё
Akkusativ unbelebt: Мой / Мою́ / Моё
Genitiv: Моегó / Моéй / Моегó / Мои́х
Dativ: Моемý / Моéй / Моемý / Мои́м
Instrumental: Мои́м / Моéй / Мои́м / Мои́ми
Präpositiv: Моём / Моéй / Моём / Мои́х

2. Person "Dein"

Mask. / Fem. / Neut. / Plural
Nominativ: Твой / Твоя́ / Твоё / Твои́
Akkusativ belebt: Твоегó / Твою́ / Твоё / Твои́х
Akkusativ unbelebt: Твой / Твою́ / Твоё / Твои́
Genitiv: Твоегó / Твоéй / Твоегó / Твои́х
Dativ: Твоемý / Твоéй / Твоемý / Твои́м
Instrumental: Твои́м / Твоéй / Твои́м / Твои́ми
Präpositiv: Твоём / Твоéй / Твоём / Твои́х

1. Person "Unser"

Mask. / Fem. / Neut. / Plural
Nominativ: Наш / Нáша / Нáше / Нáши
Akkusativ belebt: Нáшего / Нáшу / Нáше / Нáших
Akkusativ unbelebt: Наш / Нáшу / Нáше / Нáши
Genitiv: Нáшего / Нáшей / Нáшего / Нáших
Dativ: Нáшему / Нáшей / Нáшему / Нáшим
Instrumental: Нáшим / Нáшей / Нáшим / Нáшими
Präpositiv: Нáшем / Нáшей / Нáшем / Нáших

2. Person Ihr

Mask. / Fem. / Neut. / Plural
Nominativ: Ваш / Вáша / Вáше / Вáши
Akkusativ belebt: Вáшего / Вáшу / Вáше / Вáших
Akkusativ unbelebt: Ваш / Вáшу / Вáше / Вáши
Genitiv: Вáшего / Вáшей / Вáшего / Вáших
Dativ: Вáшему / Вáшей / Вáшему / Вáшим

Instrumental: Ва́шим / Ва́шей / Ва́шим / Ва́шими
Präpositiv: Ва́шем / Ва́шей / Ва́шем / Ва́ших

Anlage 10 Possessivpronomen 3. Person

3. Person von Possessivpronomen (его́ - sein, её - ihr, его́ - sein, их - ihr) nehmen das Geschlecht und die Zahl der entsprechenden Person (Objekt):
Её кни́га. Ihr Buch.
Его́ кни́га. Sein Buch.
Их кни́ги. Ihre Bücher.

Anlage 11 Reflexive Personalpronomen себя́ (sich)

Nominativ: --
Akkusativ: Себя́
Genitiv: Себя́
Dativ: Себе́
Instrumental: Собо́й
Präpositiv: Себе́

Anlage 12 Reflexives Possessivpronomen свой eigen

Mask. / Fem. / Neut. / Plural
Nominativ: Свой / Своя́ / Своё / Свои́
Akkusativ belebt: Своего́ / Свою́ / Своё / Свои́х
Akkusativ unbelebt: Свой / Свою́ / Своё / Свои́
Genitiv: Своего́ / Свое́й / Своего́ / Свои́х
Dativ: Своему́ / Свое́й / Своему́ / Свои́м
Instrumental: Свои́м / Свое́й / Свои́м / Свои́ми
Präpositiv: Своём / Свое́й / Своём / Свои́х

Anlage 13 Pronomen сам selbst, selber

Mask. / Fem. / Neut. / Plural
Nominativ: Сам / Сама́ / Само́ / Са́ми
Akkusativ belebt: Самого́ / Саму́ / Само́ / Сами́х
Akkusativ unbelebt: Сам / Саму́ / Само́ / Са́ми
Genitiv: Самого́ / Само́й / Самого́ / Сами́х
Dativ: Самому́ / Само́й / Самому́ / Сами́м
Instrumental: Сами́м / Само́й / Сами́м / Сами́ми
Präpositiv: Само́м / Само́й / Само́м / Сами́х

Anlage 14 Pronomen весь alles, ganz

Mask. / Fem. / Neut. / Plural
Nominativ: Весь / Вся / Всё / Все

Akkusativ belebt: Всегó / Всю / Всё / Всех
Akkusativ unbelebt: Весь / Всю / Всё / Все
Genitiv: Всегó / Всей / Всегó / Всех
Dativ: Всемý / Всей / Всемý / Всем
Instrumental: Всем / Всей / Всем / Всéми
Präpositiv: Всём / Всей / Всём / Всех

Anlage 15 Einige wichtige Adjektive

ähnlich - подóбный
alt - стáрый
angenehm - приятный
aufmerksam - внимáтельный
bequem - удóбный
billig - дешёвый
dicht - густóй
dick - тóлстый
dunkel - тёмный
einfach - простóй
einmalig - едúнственный
erst - пéрвый
fertig - готóвый
fest - крéпкий
geachted - уважáемый
geliebt - любúмый
gewöhnlich - обы́чный
glücklich - счастлúвый
groß - большóй
groß - велúкий
gut - хорóший
gutherzig - дóбрый
hart - твёрдый
Haupt- - глáвный
heiß - жáркий
hell - я́ркий
hoch - высóкий
interessant - интерéсный
jung - молодóй
kalt - холóдный
klein - мáленький
langsam - мéдленный
langweilig - скýчный
laut - грóмкий
lebendig - живóй
leer - пустóй
leicht - лёгкий
letzt - послéдний
neu - нóвый
notwendig - необходúмый
oft - чáстый
persönlich - лúчный
privat - чáстный
riesig - огрóмный
ruhig - спокóйный
sauber - чúстый
scharf - óстрый
schlecht - плохóй
schmutzig - грязный
schnell - бы́стрый
schnell - бы́стрый
schön - красúвый
schrecklich - стрáшный
schwer - тяжёлый
schwierig - трýдный
seltsam - стрáнный
stark - сúльный
streng - стрóгий
süß - слáдкий
teuer - дорогóй
traurig - грýстный
trocken - сухóй
verschieden - рáзный
voll - пóлный
warm - тёплый
weich - мя́гкий
weit - далёкий
wichtig - вáжный

Рекомендованные книги

Buchtipps

Das Erste Russische Lesebuch für Anfänger Band 1

Zweisprachig mit Russisch-deutscher Übersetzung

Stufen A1 A2

Das Buch enthält einen Kurs für Anfänger und fortgeschrittene Anfänger, wobei die Texte auf Deutsch und auf Russisch nebeneinanderstehen. Die Motivation des Schülers wird durch lustige Alltagsgeschichten über das Kennenlernen neuer Freunde, Studieren, die Arbeitssuche, das Arbeiten etc. aufrechterhalten. Die dabei verwendete Methode basiert auf der natürlichen menschlichen Gabe, sich Wörter zu merken, die immer wieder und systematisch im Text auftauchen. Sätze werden stets aus den im vorherigen Kapitel erklärten Wörtern gebildet. Die Audiodateien und Leseprobe sind auf www.audiolego.com/Buch/Russisch-Band1 inklusive erhältlich.

Das Erste Russische Lesebuch für Anfänger Band 2

Zweisprachig mit Russisch-deutscher Übersetzung Stufe A2

Dieses Buch ist Band 2 des Ersten Russischen Lesebuches für Anfänger. Das Buch enthält einen Kurs für Anfänger und fortgeschrittene Anfänger, wobei die Texte auf Russisch und auf Deutsch nebeneinanderstehen. Die dabei verwendete Methode basiert auf der natürlichen menschlichen Gabe, sich Wörter zu merken, die immer wieder und systematisch im Text auftauchen. Sätze werden stets aus den im vorherigen Kapitel erklärten Wörtern gebildet. Die Audiodateien sind auf www.audiolego.com/Buch/Russisch-Band2 inklusive erhältlich.

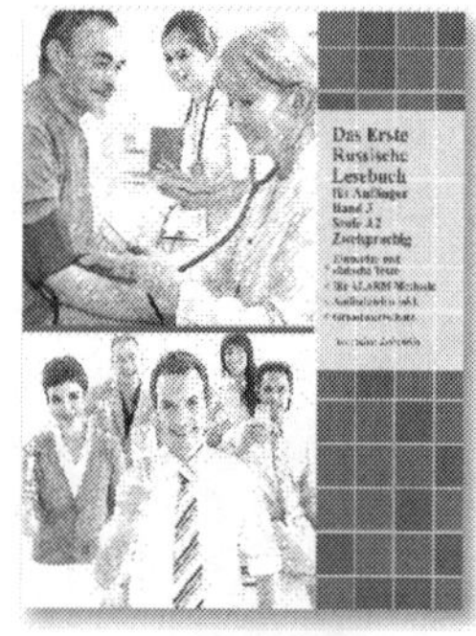

Das Erste Russische Lesebuch für Anfänger Band 3

Zweisprachig mit Russisch-deutscher Übersetzung Stufe A2

Dieses Buch ist Band 3 des Ersten Russischen Lesebuches für Anfänger. Das Buch enthält einen Kurs für Anfänger und fortgeschrittene Anfänger, wobei die Texte auf Russisch und auf Deutsch nebeneinanderstehen. Die dabei verwendete Methode basiert auf der natürlichen menschlichen Gabe, sich Wörter zu merken, die immer wieder und systematisch im Text auftauchen. Sätze werden stets aus den im vorherigen Kapitel erklärten Wörtern gebildet. Die Audiodateien sind auf www.audiolego.com/Buch/Russisch-Band3 inklusive erhältlich.

Das Zweite Russische Lesebuch

Zweisprachig mit Russisch-deutscher Übersetzung

Stufen A2 B1

Ein Privatdetektiv ist hinter der Frau her, die er liebt. Ehemaliger Luftwaffenpilot, entdeckt er einige Seiten in der menschlichen Natur, mit denen er nicht zurechtkommen kann. Dieses Buch ist bestens für Sie geeignet, wenn Sie bereits Erfahrung mit der russischen Sprache haben. Das Buch ist nach der Methode aufgebaut. Neue Worte werden im Buch von Zeit zu Zeit wiederholt, dadurch können Sie sich leichter an sie erinnern. Die Audiodateien sind auf www.audiolego.com/Buch/Russisch-Band4 inklusive erhältlich.

Das Erste Russische Lesebuch für Medizinische Fachangestellte

Zweisprachig mit Russisch-deutscher Übersetzung

Stufen A1 A2

Bei diesem Lehrbuch handelt es sich um ein Lesebuch speziell für medizinische Fachangestellte, und dementsprechend behandeln die Lektionstexte und Vokabeln auch Themen wie Patientengespräche, Diagnostik, die Beschreibung von Symptomen und vieles mehr, was man im Kontakt mit Ärzten und Patienten braucht. Ein praktisches Lesebuch, das anhand von Texten, die typische Situationen in Krankenhaus und Arztpraxis behandeln, ein umfangreiches medizinisches Vokabular vermittelt. Die Audiodateien sind auf www.audiolego.com/Buch/Russisch-Band13 inklusive erhältlich.

Das Erste Russische Lesebuch zum Kochen

Zweisprachig mit Russisch-deutscher Übersetzung

Stufen A1 A2

Lernt man eine Sprache, hilft die Bekanntheit mit einem Thema, eine Verbindung zwischen zwei Sprachen herzustellen. Das Erste Russische Lesebuch zum Kochen stellt die Wörter und Sätze sowohl in Russisch als auch in Deutsch zur Verfügung. Fünfundzwanzig Kapitel sind in Themen und Inhalte bezüglich Kochen und Nahrung gegliedert. Rezeptanleitungen, zusammen mit leichten Fragen und Antworten, zeigen den Gebrauch dieser Wörter und Sätze. Zusätzliche Hilfe beinhalten die Russisch-Deutsche und Deutsch-Russische Wörterbücher. Es könnte Ihren Appetit anregen oder Russischlernenden wie Ihnen helfen, ihre Kenntnis in einem bekannten Umfeld der Küche zu verbessern. Die Audiodateien sind auf www.audiolego.com/Buch/Russisch-Band9 inklusive erhältlich.

Das Erste Russische Lesebuch für Touristen

Zweisprachig mit Russisch-deutscher Übersetzung

Stufe A1

Das Lesebuch ist ein Kurs für Anfänger, wobei die Texte auf Deutsch und auf Russisch nebeneinanderstehen. Es ist der ideale Begleiter für alle, die Sprachen unterwegs lernen wollen. Das Buch enthält am häufigsten gebrauchten Wörter, einfache Sätze und Redewendungen, um sich schnell zu verständigen. Sätze werden stets aus den im vorherigen Kapitel erklärten Wörtern gebildet. Die Audiodateien sind auf www.audiolego.com/Buch/Russisch-Band14 inklusive erhältlich.

Das Erste Russische Lesebuch für Familien

Zweisprachig mit Russisch-deutscher Übersetzung

Stufen A1 A2

Das Buch enthält eine Darstellung der russischen Gespräche des täglichen Familienlebens, wobei die Texte auf Russisch und auf Deutsch nebeneinander stehen. Die Lektionen sind in mehrere Blöcke unterteilt: Vokabelliste für den täglichen Gebrauch, zweisprachige Texte, und Verständnisfragen zu den Gesprächsinhalten. Die dabei verwendete Methode basiert auf der natürlichen menschlichen Gabe, sich Wörter zu merken, die immer wieder und systematisch im Text auftauchen. Die Audiodateien sind auf www.audiolego.com/Buch/Russisch-Band15 inklusive erhältlich.

Das Erste Russische Lesebuch für Kaufmännische Berufe und Wirtschaft

Zweisprachig mit Russisch-deutscher Übersetzung

Stufen A1 A2

Der Inhalt des Buches ist aufgeteilt in 25 Kapitel, die auf die Stufen A1 und A2 des gemeinsamen europäischen Referenzrahmen vorbereiten sollen. In jedem Kapitel wird eine Anzahl an Vokabeln vermittelt, die anschließend direkt in kurzen, einprägsamen Sätzen und Texten veranschaulicht werden. Dabei handelt es sich durchgehend um alltagstaugliches Material für Berufssituationen wie Telefonate, Besprechungen, Geschäftsreisen und Geschäftskorrespondenz. Der Clou aber ist, dass sich jeweils zwei Spalten durch die Lektionen ziehen: links die russischen Übungssätze und Texte, rechts die deutsche Übersetzung. Dazu gibt es inklusive Audiodateien auf www.audiolego.com/Buch/Russisch-Band12

Das Erste Russische Lesebuch für Studenten

Zweisprachig mit Russisch-deutscher Übersetzung

Stufen A1 A2

Das Buch enthält einen Kurs für Anfänger und fortgeschrittene Anfänger, wobei die Texte auf Deutsch und auf Russisch nebeneinanderstehen. Die Dialoge sind praxisnah und alltagstauglich. Die dabei verwendete Methode basiert auf der natürlichen menschlichen Gabe, sich Wörter zu merken, die immer wieder und systematisch im Text auftauchen. In jedem Kapitel wird eine Anzahl an Vokabeln vermittelt, die anschließend direkt in kurzen, einprägsamen Texten und Dialogen veranschaulicht werden. Die Audiodateien sind auf www.audiolego.com/Buch/Russisch-Band10 inklusive erhältlich.

Кто потерял деньги?

Wer verlor das Geld?

Das Erste Russische Lesebuch für Stufen A1 und A2

Zweisprachig mit Russisch-Deutscher Übersetzung

Der erste Teil des Buches erklärt mit Beispielen den grundlegenden Satzbau der russischen Sprache, wobei die Texte auf Russisch und auf Deutsch für einen leichteren Einsicht nebeneinander stehen. Der zweite Buchteil stellt einen Krimi dar. Die dabei verwendete Methode basiert auf der natürlichen menschlichen Gabe, sich Wörter zu merken, die immer wieder und systematisch im Text auftauchen. Sätze werden stets aus den im vorherigen Kapitel erklärten Wörtern gebildet. Die Audiodateien und Leseprobe sind auf www.audiolego.com/Buch/Russisch-Band16 inklusive erhältlich.

Zeitfracht Medien GmbH
Ferdinand-Jühlke-Straße 7
99095 Erfurt, Deutschland
produktsicherheit@kolibri360.de